ETRUSCHI NEL CUORE

Maria Cristina Zitelli   Cesare Restaino

Sommario

Introduzione

Cosa ti guida all'incontro con l'antica esperienza etrusca?

Per quel che ci riguarda, fin dal primissimo approccio con questo popolo, ci ha pervaso un singolare senso di commozione: quello che si prova quando si sprofonda nei nostri ricordi sepolti, ancestrali, riconoscendo la familiarità di scene, odori, sapori, suoni dimenticati.

Il mondo etrusco è certamente pieno di fascino e man mano che vi si penetra, trasmette un senso di crescente attrazione.

In esso ci vogliamo inoltrare insieme a te, con due intenti.

Il primo:

> *Rispondere all'esigenza di un approccio semplice e scientificamente solido con questa cultura affascinante e seducente.*

È la cultura di un popolo che per circa nove secoli, dal X-IX al I a.C., ha mantenuto un'identità e un'integrità di "nazione" vivendo e crescendo in vasti territori della nostra penisola, dominando i mari, lasciando un inequivocabile segno di questo dominio nel nome stesso del Mar Tirreno.

Tirreni era infatti il nome attribuito agli Etruschi dai Greci, ovvero Τυρρηνοί (Tyrrenoi) in dialetto attico, Τυρσηνοί (Tyrsenoi) in dialetto ionico, Τυρσανοί (Tyrsanoi) in dialetto dorico.

E quel Mare su cui esercitarono il loro controllo per secoli può dirsi ancor oggi "Mare Etrusco".

Etrusci o Tusci era invece il nome di questo popolo in lingua latina: così li denominavano i Romani.

Loro però, chiamavano se stessi in un modo completamente diverso: Rasenna ('Ρασέννας), secondo la testimonianza di Dionigi di Alicarnasso.

E torniamo all'identità e all'integrità di un popolo: gli Etruschi parlavano una lingua diversa sia dal greco che dal latino, che dagli altri linguaggi di origine indoeuropea.

Si tratta di una lingua di ceppo "pre-indoeuropeo", che ci giunge attraverso epigrafi scritte con i caratteri dell'alfabeto greco.

Lettere greche, dunque, ma parole etrusche di cui è stato difficile per i primi studiosi comprendere il significato.
Un limitato numero di testi, soprattutto funebri, talvolta onorari.
Vastissime lacune per ogni altra produzione scritta, sia letteraria, sia storica, sia religiosa.

Il vocabolario a noi noto è costituito dunque da un numero limitato di parole e costrutti grammaticali.
Eppure, siamo indubbiamente al cospetto di una ben distinta lingua "nazionale", dura a tramontare anche

dopo la conquista romana e il prevalere della lingua latina, segno di un fortissimo legame con la propria tradizione.

Passiamo al secondo intento della nostra ricerca:

Provare a de-cristallizzare l'esperienza etrusca, assumendo uno sguardo nuovo.

Vogliamo immaginare di poter uscire dalla linea del tempo unidirezionale in cui siamo abituati a vivere: sembra che la nostra vita sia come salire su un treno la cui meta e le cui fermate intermedie siano ineluttabilmente note.

In questa rappresentazione illusoria, il passato non può essere che dietro di noi, imprigionati in una specie d'ipnosi, fatta di automatismi e certezze.

Vogliamo provare a infrangere per un momento questa ipnosi che cristallizza i nostri sensi.
Attivando le nostre antenne, forse siamo in grado di intercettare, se c'è, qualche vibrazione ancora viva del sentire di questo popolo.

Possiamo cogliere una luce diversa per illuminare meglio la nostra continua ricerca di senso, tipicamente umana.

Il mondo etrusco ci ha lasciato molte tracce e testimonianze di sé e del proprio vivere, ma anche moltissimi spazi di oblio che si traducono in porzioni di silenzio, di non scritto, di non intuibile.

Ci basterà, lungo il percorso che faremo insieme, intercettare un refolo di vento originale etrusco, mescolato nelle brezze che accarezzano e agitano la vegetazione che ammanta i ruderi, e lasciarlo soffiare.

Ci basterà, ogni tanto, interrogarci sul nostro attuale modello di vita, su quanto di esso può ancora essere messo in discussione da una visione diversa, traendo ispirazione dall'esperienza etrusca.

"C'è una differenza fra noi e gli Etruschi.
Noi pensiamo che scocchi il fulmine perché le nuvole sono entrate in collisione: per loro, c'è stata collisione per consentire al fulmine di scoccare".
Seneca (Quaestiones naturales)

Ecco uno spunto, anzi, una provocazione:

> Tu non sei nato perché due persone si sono incontrate e poi amate.
> Quelle due persone si sono incontrate e amate poiché tu dovevi nascere.

La visione etrusca sembra mettere in discussione uno dei cardini della nostra mente: il principio di causa - effetto.

Secondo tale visione, un fenomeno non è la mera conseguenza di un evento precedente: ogni evento è preordinato a uno scopo significativo.

Sarebbe come dire: tu pensi di essere nato come conseguenza dell'amore tra due persone; per un etrusco tu dovevi nascere, e per questo quelle due persone si sono incontrate e amate.

E se avessero ragione gli Etruschi?

Ecco una nuova provocazione:

Dagli Etruschi ci giunge soprattutto silenzio: delle loro parole ci arriva una flebile eco fatta principalmente di epigrafi funerarie e onorarie e testimonianze riportate da greci e romani.

Il pensiero, i concetti veramente etruschi viaggiano piuttosto sulle ali delle immagini, dei simboli, dei segni provenienti dal culto dei morti e da decorazioni e fondazioni di edifici sacri e civili.

E se ci fosse uno scopo anche in questo, secondo la logica etrusca? Se lo scopo fosse di guidarci a sospendere le chiacchiere per lasciarci toccare profondamente dal colloquio con le immagini e con le forme, con terrecotte, colori, pietre, frammenti, squarci di antiche foreste, ombre e luci lungo le vie cave?

Per puro miracolo, ci è dato ancora di intercettare echi rimasti in risonanza e giunti a noi quasi intatti, nel silenzio.

Introduzione. Sintesi

Gli Etruschi sono un antico popolo che per circa nove secoli, dal X-IX al I a.C., ha mantenuto un'identità e un'integrità di "nazione".

I Greci li chiamavano Tyrrenoi. Etrusci o Tusci era invece il nome di questo popolo in lingua latina.

Loro chiamavano se stessi Rasenna, secondo la testimonianza di Dionigi di Alicarnasso.

La loro lingua era diversa sia dal greco che dal latino, che dagli altri linguaggi di origine indoeuropea.

Le parole etrusche si scrivevano con le lettere dell'alfabeto greco.

Disponiamo di un limitato numero di testi in lingua etrusca, soprattutto iscrizioni funerarie e onorarie.

La visione etrusca sembra mettere in discussione uno dei cardini della nostra mente: il principio di causa - effetto.

1. Guardarsi intorno

Se vogliamo approdare nel mondo di questo popolo, coglierlo nella sua pienezza e ritrovare l'uomo, il sentire etrusco, dobbiamo procedere a ritroso, come in una macchina del tempo.

Iniziamo dunque col guardarci intorno, ora.

Tra la Toscana e l'Alto Lazio, dalle più diverse postazioni il nostro sguardo può incontrare, come a Volterra, rilievi intervallati da crinali e dalle vette degli Appennini.
Può incontrare, come a Cerveteri e a Tarquinia, ampie valli e distese pianure.
È catturato, come a Chiusi e a Vulci, dal brillare di fiumi e laghi che, interrompendo l'uniformità panoramica, donano al paesaggio dell'odierna Etruria una suggestiva modulazione.
È affascinato, come a Populonia, dalla poesia del Golfo di Baratti.

Fin da tempi antichissimi il fascino primigenio di queste stesse visioni ha incorniciato la vita e il cammino di uomini e donne, plasmando nel loro sguardo, come oggi nel nostro, immagini curve, morbide e dai colori tenui e sfumati.

In un tale fondale, se il nostro sguardo incontra "linee rette", il più delle volte sta intercettando l'intervento umano.

Strade, ponti, acquedotti, confini, limiti, edifici, costruzioni...: è l'Uomo che si manifesta e include in questa rotondità diffusa e naturale, generatrice di fantasia e creatività, la sua Storia.

E allora osserviamolo con più attenzione questo paesaggio!

La conquista romana ha coperto come un tappeto le testimonianze italiche più antiche, ma immergendosi nei luoghi più remoti dell'Etruria del tufo, a Pitigliano, Sovana, Sorano, Farnese, nei dintorni del Lago di Bolsena, nell'Orvietano, gli occhi si poggiano su autentiche orme di siti antichissimi, intuiscono l'intervento umano nelle architetture rupestri, nei viottoli che conducono alle necropoli, nelle tagliate etrusche, percorsi scavati nel tufo, vie cave dense di sacralità.

Così presso Vetralla il territorio è particolarmente parlante allo sguardo, invita a indagare la necropoli di Norchia e il suo abitato medievale, lungo il tracciato della via Clodia.

Il paesaggio rurale dell'Etruria era ed è caratterizzato da un susseguirsi di colline e da una vegetazione che le ricopre fitta ed è sempre ricco di acque.
Nella parte meridionale ci mostra rilievi che si aggiungono alle colline e che circondano laghi di origine vulcanica.

Abitare questo territorio significò ben presto ripartirlo mediante confini.

I punti di contatto tra proprietà, territori, pertinenze, avevano carattere sacro e inviolabile e venivano segnati da cippi di pietra.

Oggi lo sguardo può ancora intercettare inconsapevolmente i sacri termini e le vaste aperture che in un tempo lontano costituivano il limite e al contempo il varco per schiudersi all'ospitalità e allo scambio.

Indimenticabile l'emozione del mare dinanzi a Piombino, presso l'antica Populonia: un mare che pare un teatro, con isole a fare da quinte e da fondali, vicine e lontane, invitanti alla navigazione. Qui lo sguardo si apre all'arcipelago toscano, fino all'Elba e alla Corsica, rievocando a pelo d'acqua il crescere della talassocrazia etrusca.

Agricoltura e allevamento

Nell'entroterra, ricchi boschi e foreste fornivano lepri, cinghiali, uccelli, cervi, caprioli, come anche erbe, frutti, semi, germogli.

La caccia e la raccolta sono le prime attività per la sopravvivenza, ma la vocazione di un territorio così dolce e ospitale, spontaneamente ricco di pascoli e terre fertili e generose, si manifesta rapidamente.

Si sviluppano così le prime attività agricole: la coltivazione delle lenticchie, delle fave, del miglio, dell'orzo e del farro.

Si sviluppa velocemente l'allevamento degli animali.

Le specie più comuni erano i bovini. Quante volte ancora oggi, specie nei pressi di Vulci, incontriamo le splendide mucche dalle corna lunate, che recano con sé un che di sacralità, mentre pascolano o stanno accovacciate serenamente a ruminare sui prati!

Naturalmente c'erano anche i suini, gli ovini.

E c'erano i cavalli per il trasporto e il combattimento.

L'agricoltura etrusca riceve poi molti benefici dai contatti con la civiltà greca, per esempio il principio della rotazione delle colture così come l'adozione della vite che porta a una diffusione del vino in tutto il Mediterraneo.

Dal V sec. a.C. arriva infine la coltivazione dell'olivo.

Il territorio che favorì il fiorire della civiltà etrusca era dunque un territorio fertile per le caratteristiche geologiche ma si sviluppò anche per l'intervento dell'uomo.

Infatti, gli Etruschi realizzarono molte opere di ingegneria civile, scavarono acquedotti nella roccia, cambiarono il corso dei fiumi, bonificarono grandi tratti di territori costieri paludosi e diedero vita ad una rete sviluppata di canalizzazioni per l'irrigazione e di strade anche scavate nel fianco delle montagne.

Le foreste garantivano il legname utile per la costruzione delle imbarcazioni e quindi per armare le flotte.

Il legno inoltre, come combustibile, era indispensabile all'industria metallurgica.

Sì, di vera industria parliamo: un'attività fiorente che poté svilupparsi grazie al fatto che le colline metallifere e l'Isola d'Elba, ricche di metalli, fornivano una risorsa economica di grande valore sia in senso commerciale che militare.

Per secoli dunque, nelle miniere localizzate nelle terre degli Etruschi, si estrassero stagno, piombo, ferro e rame. Materie prime che determinarono la rapida crescita della ricchezza e della fortuna etrusca.

Il sussurro divino

Entro le profonde foreste etrusche, tra i boschi e le radure, il comparire e lo sparire della luce nel suo eterno gioco col vento e con le brezze, rivela ancora oggi il sussurro divino.

Pochi popoli vissero più degli Etruschi nell'ascolto degli dei.

La loro esistenza fu tanto prolifica di simboli sacri da espandere la sua eco fino ai nostri giorni.

Attraverso la conoscenza e la lettura dei segni e delle manifestazioni divine, i sacerdoti, gli aruspici guidavano i passi del loro popolo.

Nell'osservazione delle folgori, delle viscere delle vittime, negli sconvolgimenti naturali leggevano i segni dei tempi e ne interpretavano gli sviluppi e i significati.

L'*Etrusca Disciplina* era raccolta in Libri sacri ormai perduti, dei quali ci parlano gli annalisti e gli storici antichi lasciandoci intuire la profonda sapienza, la secolare esperienza tradotta in simboli, riti e regole.

Il prestigio di questi testi era enormemente sentito nel mondo italico e Roma vi ricorse con continuità, rivolgendosi alle conoscenze dei padri etruschi e sentendosene erede.

1. Guardarsi intorno. Sintesi

Il paesaggio rurale dell'Etruria è caratterizzato da colline e da una fitta vegetazione ed è sempre ricco di acque. Nella parte meridionale ci mostra rilievi che si aggiungono alle colline e che circondano laghi di origine vulcanica.

Ben presto si manifestò la necessità di ripartire con confini questo territorio. Spesso essi sono individuabili ancora oggi.

I punti di contatto tra proprietà, territori, pertinenze, avevano carattere sacro e inviolabile e venivano segnati da cippi di pietra.

Le prime attività agricole che si svilupparono in Etruria furono la coltivazione delle lenticchie, delle fave, del miglio, dell'orzo e del farro.

L'allevamento comprendeva bovini la cui tipologia ancora oggi incontriamo, specie nei pressi di Vulci, dove possiamo osservare le splendide mucche dalle corna lunate. Erano presenti anche i suini e gli ovini.

I contatti con la civiltà greca portarono molti benefici all'agricoltura etrusca come, ad esempio, il principio della rotazione delle colture e la coltivazione della vite.

La **coltivazione dell'olivo** venne introdotta a partire dal V sec. a.C.

Gli Etruschi realizzarono molte opere di ingegneria civile come acquedotti, cambiarono il corso dei fiumi, bonificarono grandi tratti di territori costieri paludosi e diedero vita ad una rete sviluppata di canalizzazioni per l'irrigazione e di strade anche scavate nel fianco delle montagne.

Le foreste presenti nel territorio garantirono il legname utile per la costruzione delle imbarcazioni delle flotte e per alimentare i forni dell'industria metallurgica.

Le colline metallifere e l'Isola d'Elba, ricche di metalli, fornivano una risorsa economica di grande valore sia in senso commerciale che militare, producendo stagno, piombo, ferro e rame, materie prime che determinarono la rapida crescita della ricchezza e della fortuna etrusca.

Pochi popoli più degli Etruschi ebbero un sentimento religioso altrettanto sviluppato.

Attraverso la conoscenza e la lettura dei segni e delle manifestazioni divine, i sacerdoti, gli aruspici guidavano i passi del loro popolo.

L'Etrusca Disciplina, cioè la conoscenza religiosa degli Etruschi, era raccolta in Libri sacri ai quali anche Roma ricorse con continuità, sentendosene erede.

2. Sollevare il tappeto

2.a Le origini

Gli antichi, in particolare gli storici greci e latini, si interrogavano sull'origine degli Etruschi, un popolo "altro" per lingua, usi, costumi, valori.

Un popolo tramontato sotto il distendersi a macchia d'olio della conquista romana, la quale, come un tappeto, ha coperto e disgregato il tessuto preesistente.

Un popolo del quale si voleva stabilire un percorso identitario, volto a spiegarne la diversità e a operarne una definitiva cristallizzazione.

Disponiamo fondamentalmente di almeno tre racconti sulla questione: uno di Erodoto, un altro di Dionigi di Alicarnasso e un altro ancora di Tito Livio.

Secondo Erodoto, storico greco di Alicarnasso (Asia Minore) del V secolo a.C., che ne parla nel libro 1° delle Storie, gli Etruschi deriverebbero da migrazioni del popolo dei Lidii, provenienti dall'Asia Minore. Un gruppo di Lidii, nel secolo XIII a.C., sarebbe emigrato in Italia al comando del figlio del re Atys, Tyrrhenos o Tyrsenos, da cui derivò il nome di Tyrsenoi, il nome con cui i Greci chiamavano gli Etruschi.

Dionigi di Alicarnasso, altro storico greco del I sec. a.C., trasferitosi a Roma al tempo di Augusto, ne parla nel libro 1° dell'Archeologia Romana: egli afferma che gli Etruschi erano diversi da ogni altro popolo per lingua e per costumi e dunque sarebbero stati autoctoni, ossia sempre stati nelle aree geografiche del centro - nord Italia che tutti conosciamo come luoghi tradizionali della loro presenza.

Invece Tito Livio, storico romano vissuto anch'egli sotto il principato di Augusto, tra il I sec. a.C. e il I sec. d.C., si interessa della questione nel libro 5° della Storia di Roma.
Egli sostiene che gli Etruschi avrebbero a che fare con i Reti, una popolazione delle Alpi, e sarebbero scesi dal nord.

In verità, nessuna di queste teorie antiche, presa a sé, può essere assunta come completamente esatta.

Esaminando un po' più nel dettaglio il quadro storico-archeologico che ci si presenta, dobbiamo osservare che la civiltà etrusca manifesta elementi di affinità con forme culturali dell'Oriente Egeo e dell'Asia Minore, avvalorando in parte la teoria di Erodoto.

Per esempio, in campo edilizio, le tombe a tholos, cui si accede per mezzo di un corridoio, ricordano le tombe micenee.

Così, nella sfera religiosa, la pratica della lettura del fegato che serviva agli Etruschi per trarne previsioni richiama riti tipici del mondo babilonese.

Anche in campo artistico, in relazione alle terrecotte, alle sculture, ai bronzi, si rinvengono molte tipologie espressive proprie del mondo orientale.

Ancora, in tema linguistico, l'idioma etrusco presenta elementi affini alla lingua testimoniata in un'iscrizione dell'isola di Lemno (Egeo settentrionale) che fu scoperta nel 1885.

Infine, nell'onomastica molti esempi richiamano nomi propri lidii, carii e cretesi.

Tutti questi dati concorrono ad evidenziare come la civiltà etrusca, al suo apparire, abbia una forte carica di elementi orientali.

Di certo, però, non si può parlare di una trasmigrazione in massa dalla regione anatolica: un tale fenomeno non sarebbe passato inosservato ai contemporanei, in un tempo in cui le coste dell'Italia meridionale e della Sicilia venivano raggiunte e vivificate dalle correnti commerciali greche, nonché investite da massicci insediamenti coloniali.

La teoria di Dionigi di Alicarnasso di un'origine autoctona fornisce, in questo senso, un importante contrappeso alla visione di Erodoto. Obiettivamente, tuttavia, appare difficile che un popolo autoctono dell'area centro - settentrionale italiana possa aver raggiunto esclusivamente con mezzi propri l'alto livello di civiltà per il quale gli Etruschi si distinsero rispetto al resto dei popoli italici.

Sulla terza teoria infine, quella degli Etruschi venuti da nord, eccezion fatta per le affermazioni di Tito Livio, non si trovano indizi significativi nelle fonti antiche ed inoltre va detto che la civiltà etrusca si manifesta nettamente, per segni, simboli e miti, come una civiltà mediterranea.

In realtà, la cosiddetta civiltà del bronzo appenninica, sviluppatasi nell'Italia peninsulare tra XVIII e XII sec. a.C., costituisce il terreno di coltura da cui vediamo evolvere gradualmente le cosiddette civiltà protovillanoviana e villanoviana.

Da queste espressioni protostoriche, sviluppatesi tra XII e VIII sec. a.C., sboccia infine il mondo etrusco.

La civiltà etrusca propriamente detta si staglia in modo manifesto sul panorama precedente, attraverso sepolture sempre più ricche di corredi, come affermazione del potere di famiglie aristocratiche che, di generazione in generazione, accrescono la loro ricchezza governando e rendendo sempre più prosperi gli scambi commerciali con il mondo mediterraneo.

Ciò avviene grazie alla ricchezza di metalli delle terre etrusche e all'instaurarsi di un deciso controllo etrusco delle vie di terra e delle rotte marine battute dai più arditi popoli d'oriente.

Riguardo alla metallurgia, già nell'VIII sec. a.C., nella zona di Populonia c'erano molti pozzi e gallerie da cui si estraeva il minerale e anche diversi forni per la lavorazione dei metalli.

L'Isola d'Elba, dal canto suo, trasse il suo nome greco *Aithaleia*, "nera di fumo", dall'impressione che dava a coloro che le si avvicinavano per mare.

La continuità tra le civiltà protovillanoviana e villanoviana e la cultura etrusca propriamente detta è testimoniata da numerosi siti archeologici.

Questi sono in grado di restituire, attraverso le sepolture, il trascorrere delle generazioni, quasi senza soluzione di continuità, fino ad approdare al mondo etrusco.

Ne è un importante esempio, in Toscana, la Necropoli di Belverde, nei pressi di Montepulciano, che non conosce arresti nella sua evoluzione verso la fase etrusca.

Analogamente, nel Lazio, anche nella zona di Caere (Cerveteri) le sepolture cosiddette villanoviane, che precedono l'instaurarsi della civiltà etrusca, non subiscono un'improvvisa interruzione: si passa invece alle ricche necropoli propriamente etrusche in modo graduale e quasi impercettibile.

Con ogni probabilità, non sono quindi da immaginare rivolgimenti etnici molto repentini: gli inserimenti di popolazioni dall'esterno devono essere avvenuti in forma graduale, in tempi prolungati e in modalità per lo più pacifiche.

Del resto, se nella zona geografica in cui fiorì la civiltà etrusca c'era abbondanza di metalli, va ricordato anche che c'erano terre in quantità con naturale vocazione all'agricoltura, che promettevano raccolti abbondanti a chi volesse cercare prospettive di vita fiorente.

In esse furono introdotti miglioramenti portati proprio da gruppi di provenienza orientale, nelle cui zone di origine la coltivazione della terra durava ormai da millenni.

Oltre al sistema di far ruotare le colture, questi gruppi apportarono anche una serie di miglioramenti in campo idraulico con opere di irrigazione e drenaggio che consentirono la messa a coltura di estesi campi e praterie.

È Tito Livio, nel 22° libro della Storia di Roma, a parlare dei famosi "Etruschi campi"; ecco la sua testimonianza: *La regione era una delle più fertili d'Italia e i campi etruschi, che si stendono tra Fiesole ed Arezzo, (erano) ricchi per l'abbondanza di frumento, di greggi e di ogni altra cosa*.

Agricoltura e metallurgia diedero vita a un'energia espansiva che si rivolse prima all'entroterra appenninico e quindi alla Campania e alla Valle Padana.

In particolare, per quanto concerne la diffusione verso la Campania, abbiamo riscontri a Pontecagnano, presso Salerno, dove si trovano resti di una ignota città etrusca che presenta notevole documentazione anche della cultura villanoviana.

Esaminando le caratteristiche urbanistiche, notiamo come le città etrusche si svilupparono sia da villaggi precedenti che per fondazioni nuove, ma in ogni caso i criteri di fondazione seguivano schemi precisi e procedure rituali.

La collocazione prediligeva territori posti per lo più ai piedi di alture prescelte come acropoli.

Le cinte murarie avevano una regolare disposizione delle porte e una convergenza delle strade che vi giungevano da fuori dirigendosi verso la stessa acropoli.

È facile per queste ragioni supporre collegamenti con le nozioni di urbanistica del mondo egeo anatolico.

Nel contesto descritto, il costituirsi di ricchezze, di vere fortune, portò progressivamente a differenziazioni sociali.

Si costituì un'*élite* aristocratica con esigenze di lusso che promosse l'importazione dal mondo greco orientale di oggetti di grande valore, che testimoniano ai nostri occhi l'intensità degli scambi e lo straordinario livello artistico raggiunto.

Si verificò di conseguenza anche la nascita di ceti servili, le cui condizioni di vita diedero però spesso origine anche a turbamenti sociali.

Il quadro dei fatti che risulta e che spiega con discreto margine di approssimazione l'avvento della civiltà etrusca nell'VIII sec. a.C., evidenzia un'origine complessa, una storia di integrazioni di popolazioni diverse.

Quello che accadde, con ogni probabilità, è che navigatori Egeo-Micenei, venendo nel Mediterraneo occidentale, si avventurarono lungo le coste della Toscana.

Ad essi si aggiunsero altri gruppi di provenienza dell'Asia Minore che portavano gli influssi delle civiltà mediorientali ed entrambi frequentarono le coste toscane per procurarsi stagno e rame, abbondanti nelle colline metallifere.

Questi popoli si possono identificare forse con i *Tursha,* compresi fra i cosiddetti "Popoli del mare" dei quali parlano diversi documenti egizi.

Si trattava di gruppi di navigatori particolarmente vitali e avventurieri, che cominciarono a fermarsi in Etruria organizzando forme di convivenza con i gruppi locali.

Durante i secoli XI, X e IX, e forse molto prima, si inserirono, in questo tessuto umano in formazione, gruppi di Protovillanoviani e poi di Villanoviani portatori della conoscenza del ferro che dall'isola d'Elba si trasportava a Populonia.

Poi, nell'VIII sec. a.C., giunse probabilmente un flusso migratorio dall'Anatolia, che intanto era stata invasa dagli Sciiti e dai Cimmeri, ma si trattò di gruppi isolati, per lo più pirati, alcuni dei quali forse arrivarono in Etruria anche sbarcando sulla costa adriatica, nei pressi di quello che poi diventò il porto di Spina, sull'attuale litorale ferrarese, e valicando poi l'Appennino.

Si aggiunga a questo che alcune fonti parlano dei Pelasgi, una non ben definibile popolazione protoellenica, che sarebbero sbarcati alle foci del Po e sarebbero andati poi dall'Adriatico a fondare Cortona, nell'odierna Toscana.

A tutti questi dati si aggiungono gli studi sulla morfologia degli scheletri degli Etruschi e sulla comparazione del DNA.

Da tali ricerche non si evidenzia alcuna significativa differenza fra gli Etruschi e le popolazioni più antiche che vissero in Etruria prima di loro; analogamente, non si riscontrano forti differenze con le popolazioni loro vicine, né con le popolazioni che abitarono la stessa zona successivamente.

L'orientamento che si va più consolidando è dunque che la civiltà etrusca sia il prodotto di un processo di stratificazione e integrazione locale, formatosi grazie al concorso di apporti venuti dall'esterno sul piano sia etnico che culturale.

Si tratta, fatte le dovute differenze, dello stesso fenomeno che ha condotto al formarsi dell'attuale popolo italiano ...

Un vero e proprio arrivo degli "Etruschi" non c'è mai stato: gli Etruschi, come popolo che noi conosciamo, sono un prodotto di vicende storiche svoltesi nel territorio tosco-laziale della penisola italiana, come magistralmente affermato dal professor Massimo Pallottino, etruscologo del novecento.

Gli autoctoni, espressione della civiltà appenninica, i Villanoviani e i gruppi venuti dall'Egeo e dall'Anatolia formarono cioè una civiltà, quella etrusca, in un ambiente che presentava condizioni particolarmente favorevoli.

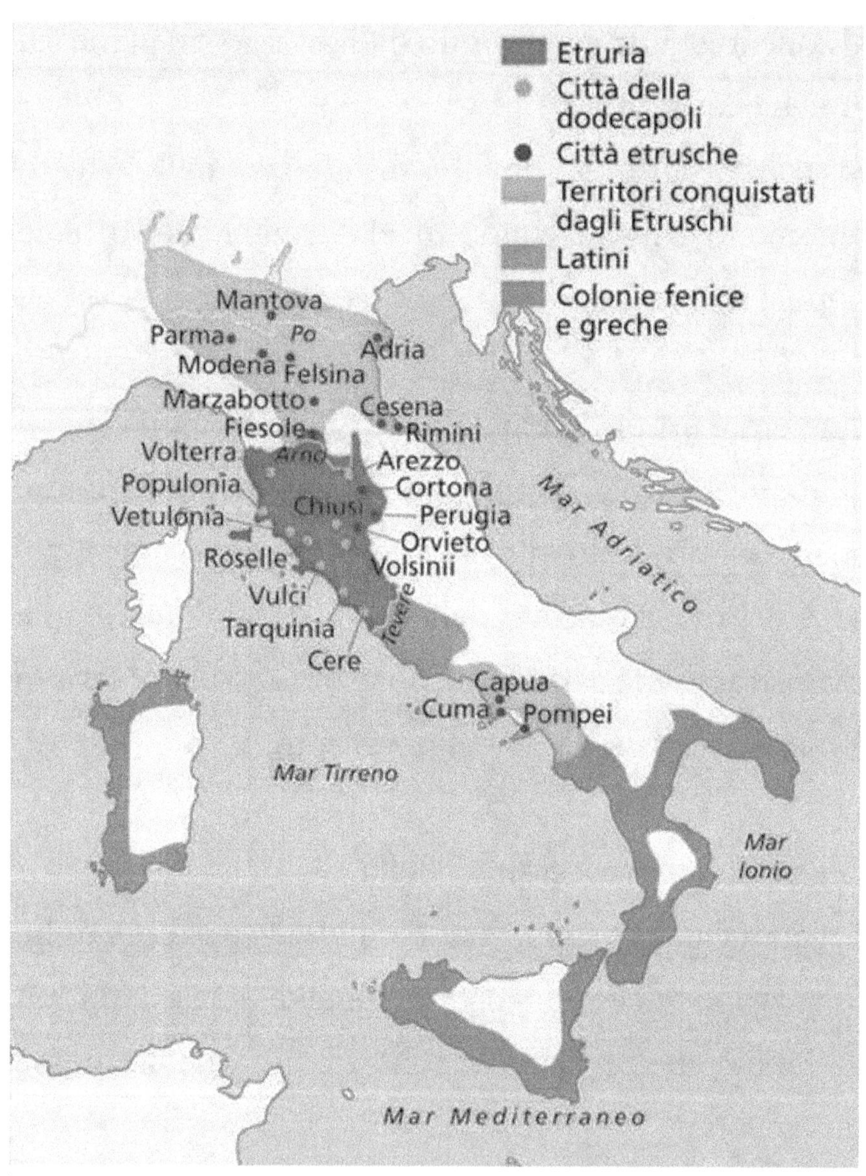

Etruria
Città della dodecapoli
Città etrusche
Territori conquistati dagli Etruschi
Latini
Colonie fenice e greche
Mantova
Parma
Po
Adria
Modena
Felsina
Marzabotto
Cesena
Fiesole
Rimini
Volterra
Arno
Arezzo
Populonia
Cortona
Vetulonia
Chiusi
Perugia
Orvieto
Roselle
Volsinii
Vulci
Tarquinia
Tevere
Cere
Capua
Cuma
Pompei
Mar Adriatico
Mar Tirreno
Mar Ionio
Mar Mediterraneo

2.a. Le origini. Sintesi

Sulla questione dell'origine degli Etruschi disponiamo fondamentalmente di tre racconti tramandatici dagli antichi: uno di Erodoto, un altro di Dionigi di Alicarnasso e un altro ancora di Tito Livio.

Per il primo gli Etruschi deriverebbero da migrazioni del popolo dei Lidii, proveniente dall'Asia Minore.

Per il secondo sarebbero stati autoctoni, ossia da sempre presenti nelle aree geografiche del centro nord Italia che tutti conosciamo come luoghi tradizionali della loro presenza.

Per il terzo gli Etruschi avrebbero a che fare con i Reti, una popolazione delle Alpi e sarebbero scesi dal nord.

È assai probabile che la civiltà etrusca sia il prodotto di un processo di stratificazione e integrazione locale, formatosi grazie al concorso di apporti venuti dall'esterno sul piano sia etnico che culturale.

Si evidenzia in campo archeologico una continuità tra le civiltà protovillanoviana e villanoviana che precedettero la cultura etrusca propriamente detta.

Gli Etruschi sono con alta probabilità, come sostenuto dall'insigne archeologo Massimo Pallottino, un prodotto di vicende storiche svoltesi nel territorio tosco-laziale della penisola italiana.

2.b L'ascesa e il declino degli Etruschi

La maggior espansione degli Etruschi avvenne nei secoli VII e VI a.C., una volta consolidatasi la condizione di grande ricchezza dei ceti aristocratici a seguito del notevole e rapido sviluppo del commercio e delle conoscenze tecnologiche.

Si affermò allora l'esigenza di ampliare i terreni coltivabili, di aumentare i commerci interni, di espandere e controllare gli scambi commerciali nel Mar Tirreno.

Gli Etruschi, grazie alle loro progredite capacità tecniche, si imposero sulle meno evolute popolazioni italiche con le quali entrarono in contatto, come i Piceni, i Dauni, i Campani, i Lucani.

Nella penisola italica essi arrivarono fino in Veneto meridionale e in Campania, fondando importanti città-stato. Anche il Lazio, punto nodale per assicurare il collegamento fra i domini del centro-nord e la Campania, cadde sotto l'influenza etrusca.

Roma stessa per un certo periodo fu sotto il controllo di sovrani etruschi.

A Roma infatti regnò la dinastia etrusca dei Tarquini, che venne cacciata nel 509 a.C., quando fu proclamata la Repubblica.

Accanto all'espansione sul territorio della penisola, va sottolineata la talassocrazia etrusca, una vera signoria del mare, un'egemonia che fu oggetto di terribile contesa con Greci e Cartaginesi, i quali volevano strappare il controllo del Mare Etrusco (Tirreno) al popolo che gli aveva dato il nome, un nome ancora attuale.

Per quanto riguarda i rapporti con i Greci, che avevano colonizzato grandissima parte del Sud Italia, in un primo tempo gli Etruschi stabilirono con essi relazioni pacifiche e furono affascinati dalla loro cultura e dalla loro arte.
In seguito, con la penetrazione greca nella costa salernitana e nel retroterra dell'etrusca Capua, si scatenò la rivalità commerciale e politica.

Frequentemente, negli scontri armati con i Greci, gli Etruschi si allearono con i Cartaginesi.

Così avvenne per il controllo della costa orientale della Corsica, determinato nel 540 a.C. dalla battaglia navale di Alalia, in cui forze etrusche e cartaginesi sconfissero - ponendo termine all'ampliamento dei domini greci verso il Tirreno settentrionale - i Greci di Focea, città di cui Alalia era una colonia.

Fu questo il momento che segnò la massima espansione della potenza etrusca.

Con il V secolo a.C. iniziò il declino della potenza etrusca a seguito della mancanza di unità che caratterizzò le città-stato etrusche.

Sebbene dodici di esse fossero unite in una lega, nessuna città si mosse in difesa dell'altra nel momento in cui iniziarono gli attacchi dei popoli posti ai confini dei territori etruschi.

Roma, che fino al 510-509 a.C. era stata retta da re etruschi, i Tarquini, iniziò nella fase repubblicana a coltivare progetti di espansione in Etruria.

A nord, i Celti cacciarono gli Etruschi dalla Pianura Padana.

A sud, le città greche li respinsero con una guerra culminata in una battaglia navale presso Cuma, nel 474 a.C.

Cinquant'anni dopo, nel 423 a.C., gli Etruschi persero la ricca città di Capua, in Campania, occupata dalle popolazioni appenniniche degli Osci e dei Sanniti.

Nel V secolo a.C. il baricentro della civiltà etrusca si spostò a nord, ma ciò non impedì il suo crollo tra IV e III secolo a.C.

Nel 396 a.C. Roma, la cui potenza cresceva progressivamente, realizzò la sua prima conquista in Etruria, prendendo Veio, mentre tra il 356 a.C. e il 311 a.C. caddero Tarquinia e Cerveteri.

All'inizio del III secolo a.C. i Romani presero anche Perugia e Arezzo.

La civiltà etrusca venne progressivamente assimilata da quella romana, che era riuscita a poco a poco a occupare tutto il territorio degli Etruschi, destinati gradualmente a scomparire.

2.b L'ascesa e il declino degli Etruschi. Sintesi

Il momento di maggior espansione degli Etruschi si verificò nei secoli VII e VI a.C. quando essi si estesero fino in Veneto meridionale e in Campania fondando importanti città-stato. Anche il Lazio e Roma, fondamentali per assicurare il collegamento fra i domini del centro-nord e la Campania, caddero sotto l'influenza etrusca.

La potenza degli Etruschi riguardò anche e forse soprattutto il mare dando luogo ad una vera talassocrazia.

Con i Greci, che avevano colonizzato grandissima parte del Sud Italia, in un primo tempo gli Etruschi stabilirono relazioni pacifiche. In seguito si scatenò la rivalità commerciale e politica.

Frequentemente, negli scontri armati con i Greci, gli Etruschi si allearono con i Cartaginesi. Così avvenne per il controllo della costa orientale della Corsica, determinato nel 540 a.C. dalla battaglia navale di Alalia che segnò la massima espansione della potenza etrusca.

Con il V secolo a.C. iniziò il declino della potenza etrusca a seguito della mancanza di unità fra le città-stato etrusche.

Roma, che fino al 510-509 a.C. era stata retta da re etruschi, i Tarquini, iniziò nella fase repubblicana a coltivare progetti di espansione in Etruria.

A nord i Celti cacciarono gli Etruschi dalla Pianura Padana.

A sud le città greche li respinsero con una guerra culminata in una battaglia navale presso Cuma, nel 474 a.C.

Nel 396 a.C. Roma conquistò Veio, e tra il 356 a.C. e il 311 a.C. caddero Tarquinia e Cerveteri.

All'inizio del III secolo a.C. i Romani presero anche Perugia e Arezzo. Ne seguì che la civiltà etrusca venne progressivamente assimilata da quella romana.

2.c La lingua

Le ricerche degli studiosi sono concordi su un elemento: la lingua etrusca, così come ad esempio il Basco, l'Ungherese e il Finlandese, non apparteneva al ceppo indoeuropeo.

Assai rilevante è il contributo alla questione della lingua fornito dallo studioso Giovanni Semerano, il quale riconosce nella lingua aramaica un significativo supporto al formarsi dell'idioma etrusco.

In questo senso, si evidenzia anche l'intuizione avuta, addirittura nel XVI secolo, da Annio da Viterbo, maestro del Sacro Palazzo Papale, che classifica l'Etrusco come un "*sermo* aramaico".

L'aramaico, lingua semitica nord-occidentale, inizialmente era il dialetto delle tribù aramee che, verso il 1200 a.C., entrarono nell'orizzonte culturale della Siria e della Palestina.

A queste culture si deve la fondazione di Israele, Moab, Edom. Alcune tribù usarono dialetti cananei, altre la loro antica lingua nella zona fra Israele e

Assiria. La lingua aramaica venne comunque largamente compresa degli Israeliti.

Ma soprattutto dobbiamo sottolineare come l'antico aramaico, nel V secolo a.C., fu la lingua della Cancelleria di molte satrapie dell'Impero Persiano.

Il richiamo a tali linguaggi semitici, sostiene Semerano, svela probabilmente l'origine dello stesso termine *Etruria*: la componente che ritroviamo in toponimi come *Vel-athri*, Volterra, o *Vel-itrae*, Velletri, richiama l'aramaico *aṯra*, ugaritico *aṯr*, arabo *aṯar* che stanno per "luogo", "terra" e che diventa addirittura "*Ort*" nel tedesco.

È affascinante pensare a una vera e propria *koinè* mediterranea di linguaggi semitici, probabile culla della lingua etrusca, la quale trae la sua linfa anche da elementi pre-indoeuropei indigeni d'Italia, presenti in popolazioni contigue, come Umbri, Osci e Falisci, soprattutto questi ultimi in stretto
rapporto con il latino arcaico.

La lingua etrusca incontrò la scrittura alfabetica grazie ai primi coloni greci, che giunsero in Italia stabilendosi in Campania: venivano dall'Eubea, isola greca lasciata per raggiungere e abitare le ricche e fertili terre d'Hesperia (la terra dove tramonta il sole, l'Italia).

I commerci che gli Etruschi stabilirono con i coloni euboici riguardavano ceramiche, gioielli, oggetti che spesso recavano iscrizioni in un alfabeto snello e molto adattabile a esprimere i suoni di lingue diverse.

Il fascino della cultura ellenica e il desiderio di accogliere modelli e costumi orientali e greci fece sì che rapidamente si affermasse in Etruria la scrittura con i caratteri greci e qualche necessario adattamento.

Le lettere B e D non erano usate e così non erano usate le vocali O e U.

La scrittura si sviluppava da destra a sinistra o con andamento *bustrofedico*, ossia da destra a sinistra su una riga e da sinistra a destra su quella seguente, come l'andamento del bue quando ara un terreno.

Non venivano usati segni di interpunzione, se non talvolta dei punti per separare le parole.

Per indicare i numeri si usavano le lettere.

L'alfabeto, ormai etrusco, si diffuse presto, soprattutto nell'Italia del nord e nelle regioni alpine: anche l'alfabeto runico potrebbe esserne stato influenzato.

A questo proposito è significativo il ritrovamento di diversi abbecedari incisi su vasi o su apposite tavolette, probabilmente destinati a uso didattico.

Agli Etruschi spetta, dunque, un ruolo importante nella diffusione in Italia di una delle più decisive innovazioni della storia della civiltà: la scrittura.

Si comprende bene come non ci siano assolutamente problemi di leggibilità degli scritti etruschi.

I problemi relativi alla lingua etrusca riguardano, invece, l'interpretazione e la comprensione.

È difficile farsi un'idea soddisfacente della lingua etrusca, perché mancano scritti storici, letterari, testimonianze del pensiero, racconti.

Abbiamo alcune migliaia di iscrizioni graffite o incise su tavole d'argilla, su roccia, su terracotta, su metallo e la maggior parte di esse sono epigrafi funerarie o iscrizioni votive di limitata estensione.

Le iscrizioni di una certa ampiezza sono intorno alla decina. Richiamiamo di seguito le più rilevanti.

La grande tegola di Santa Maria Capua Vetere (prima metà del V sec. a.C.), ora conservata presso l'Altes Museum di Berlino, contenente un testo riguardante un rituale funerario.

Il fegato di bronzo (II-I secolo a.C.), rinvenuto a Settima nel piacentino e conservato nel Museo Civico di Piacenza.

Si tratta del modello di un fegato di pecora che reca incisa una serie di nomi di divinità disposti in modo da riflettere l'ordinamento del cielo secondo gli Etruschi: dal confronto di questo modello con il fegato di un animale sacrificato, scaturiva l'interpretazione del volere divino.

La toga dell'Arringatore (fine del II - inizi del I secolo a.C.) È un'iscrizione dedicatoria posta sull'unica grande scultura in bronzo dell'epoca tardo-etrusca che ci sia pervenuta.

Si trova nel Museo Archeologico di Firenze.

Il Cippo di Perugia (III - II secolo a.C.), costituito da una pietra riportante una lunga iscrizione scolpita, rimasta intatta in entrambi i lati.

È un cippo confinario fra le proprietà di due famiglie etrusche, relativo ad accordi di proprietà circa i confini.

Si trova presso il Museo archeologico nazionale dell'Umbria.

Le Lamine di Pyrgi (Santa Severa) (fine del VI secolo a.C.) costituite da tre lamine d'oro, due con iscrizione etrusca ed una con iscrizione fenicia che non sono esattamente bilingui, in quanto non traducono parola per parola il testo, ma trattano dello stesso argomento, ossia della dedica di un sacello e di una statua alla dea fenicia Astarte, assimilata alla dea etrusca Uni, da parte del re di Cerveteri Thefarie Velianas.

Le Lamine rappresentano la più antica fonte storica dell'Italia preromana.

Si trovano presso il Museo nazionale Etrusco di Villa Giulia a Roma.

Il Liber linteus Zagrabiensis (Mummia di Zagabria) (III sec. a.C. ?). Il più lungo testo in lingua etrusca pervenutoci (circa 1200 parole) e il solo libro in lino oggi esistente.

È considerato anche il libro più antico d'Europa.

È un manoscritto trovato ad Alessandria d'Egitto, costituito da dodici bende di lino che avvolgevano una mummia di età greco - romana e che ora sono conservate nel Museo archeologico di Zagabria.

Il rotolo contiene un testo religioso scritto in etrusco che si occupa di un rituale relativo a cerimonie rivolte a divinità da onorarsi in determinate scadenze dell'anno.

La letteratura etrusca, come dicevamo, è andata completamente perduta ed è solo tramite gli autori latini che apprendiamo che essa era composta soprattutto da testi di carattere religioso o divinatorio, più qualche testo di tipo storico annalistico.

Forse una letteratura ci fu, ma gli Etruschi, scoraggiati dalle risorse incerte della loro lingua probabilmente preferirono esprimersi in greco.

È molto fondata, infatti, l'ipotesi di un'aristocrazia etrusca bilingue, come lo sarebbe stata quella romana.

I Romani ci parlano diffusamente, invece, di:

Libri Aruspicini, nei quali era registrata la secolare esperienza degli Etruschi nell'osservazione delle interiora delle vittime.

Libri Fulgurales, che trattavano dell'interpretazione delle folgori e di una parte dei quali ci dà notizia Seneca nelle sue Questioni naturali.

Libri Rituales, dalla vasta materia, che spaziavano pertanto dalle prescrizioni riguardanti la fondazione delle città, alla consacrazione degli altari e dei templi, all'inviolabilità delle mura, alle leggi relative alle porte delle città, alla divisione in tribù, alle curie e centurie, alla costituzione e organizzazione degli eserciti.

Si aggiungevano a questi, i Libri Fatales, i Libri Acherontici, i Libri Ostentaria.

Emerge così il carattere particolare, se non esclusivo - evidenziato peraltro da molti studiosi - di lingua sacra posseduto dall'idioma etrusco.

È un fatto significativo che non siano quasi mai state rinvenute iscrizioni etrusche di uso comune commerciale o quotidiano.

Tutto il Corpus delle iscrizioni tirreniche, più di 15.000 testi, riguarda temi sacri funerari e religiosi e alcune iscrizioni su cippi confinari che comunque rientrano nella tematica sacrale, poiché in epoca etrusca i confini erano considerati inviolabili e dunque materia sacra.

Il carattere sacro della lingua potrebbe riferirsi anche alla stessa concezione della sua struttura, che evoca le caratteristiche di un antico idioma, nel quale probabilmente ogni suono aveva il suo specifico significato simbolico e religioso.

2.c La lingua. Sintesi

La lingua etrusca non apparteneva al ceppo indoeuropeo. A tal riguardo, il filologo Giovanni Semerano riconosce nella lingua aramaica un significativo supporto al formarsi della lingua etrusca.

La lingua etrusca incontrò la scrittura alfabetica grazie ai primi coloni greci che venivano dall'Eubea e si stabilirono in Campania.

La scrittura degli Etruschi si sviluppava da destra a sinistra o con andamento bustrofedico analogamente a come si muovono i buoi, avanti e indietro, quando arano un campo.

Agli Etruschi spetta un ruolo importante nella diffusione in Italia della scrittura.

Non ci sono assolutamente problemi di leggibilità degli scritti etruschi. I problemi relativi alla lingua etrusca riguardano l'interpretazione dovuta alla scarsa varietà dei testi di cui si dispone. Mancano scritti storici, letterari, testimonianze del pensiero, racconti. La maggior parte delle fonti sono epigrafi funerarie o iscrizioni votive di limitata estensione.

Le più rilevanti fonti per la conoscenza della lingua etrusca sono: la grande tegola di Santa Maria Capua Vetere (prima metà del V sec. a.C.), il fegato di bronzo cosiddetto di Piacenza (II-I secolo a.C.), la toga dell'Arringatore (fine del II - inizi del I

secolo a.C.), il Cippo di Perugia (III/II secolo a.C.),
le Lamine di Pyrgi (Santa Severa) (fine del VI
secolo a.C.),   il Liber linteus Zagrabiensis
(cosiddetta Mummia di Zagabria) (III sec. a.C. ?).

Forse una letteratura ci fu, ma gli Etruschi,
scoraggiati dalle risorse incerte della loro lingua
probabilmente preferirono esprimersi in greco. È
molto fondata, in questo senso, l'ipotesi di
un'aristocrazia etrusca bilingue come lo sarebbe
stata quella romana.

Tutto il Corpus delle iscrizioni tirreniche, più di
15.000 testi, riguarda temi sacri funerari e
religiosi.
I Romani ci parlano dell'esistenza di Libri
Aruspicini, Libri Fulgurales, Libri Rituales a
testimonianza del fondamentale carattere di lingua
sacra posseduto dall'idioma etrusco.

Caratteri generali

Le prime manifestazioni culturali e quindi, in senso lato, artistiche degli Etruschi risalgono al periodo che si colloca fra la fine del IX secolo e il principio dell'VIII sec. a.C.

La parabola dell'arte etrusca si concluderà poi tra II e I sec. a.C., spegnendo la fiamma della sua specificità per cedere definitivamente ogni spazio a Roma, che conserverà indelebili i segni dell'eredità etrusca, soprattutto nel carattere realistico dei ritratti.

Nel percorso artistico etrusco è determinante l'influenza della cultura figurativa greca, soprattutto da un punto di vista formale. Ma resta originale e immutata nel tempo la forte istanza etrusca di rappresentare la realtà, il vivere pratico quotidiano, l'essere immersi nel ciclo naturale di una vita fatta di gioia e danza, di musica e amore. Fatta di dolore, di paura della morte.

Per ciò che concerne l'architettura, gli Etruschi si distinguono come grandi costruttori di opere civili che, attraverso i Romani, si sono spesso conservate fino a noi, come, a Roma, la Cloaca Massima e le opere di drenaggio delle acque che resero utilizzabile l'area del Foro Romano.

Il sapere tecnico etrusco ha generato il sistema della copertura ad arco e a volta che diverrà, anche sul piano estetico, il tema base dell'architettura romana.

Gli Etruschi costruirono i loro templi (immagine che segue) con materiali deperibili, come legno e argilla. E ciò ne ha quasi sempre compromesso la conoscenza delle strutture originarie.

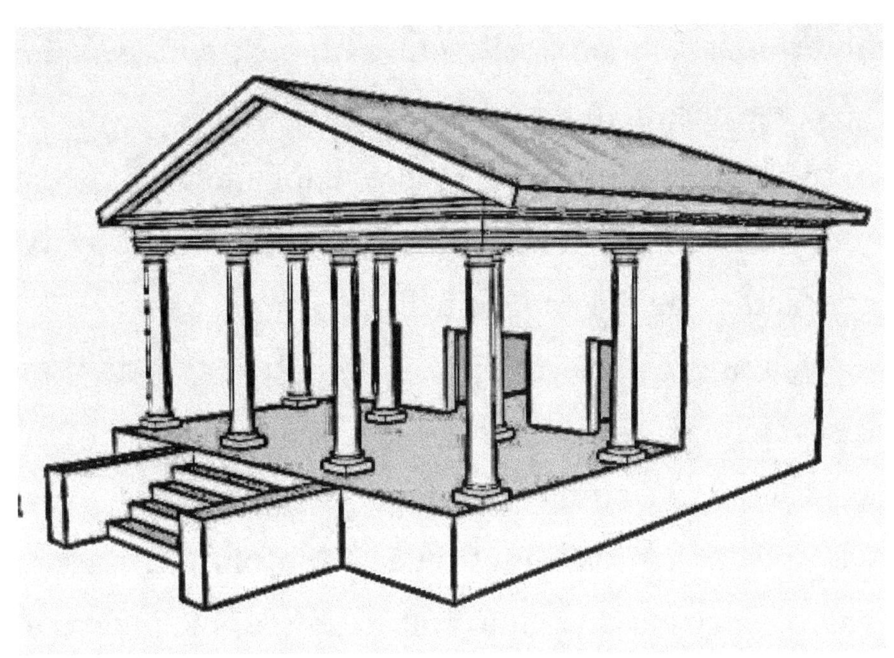

Preziose informazioni ci giungono da Vitruvio, scrittore latino del I sec. a.C. che, nel suo celebre trattato sull'architettura, descrive anche il tipico tempio etrusco – italico, chiamandolo tuscanico.

Conosciamo così le proporzioni che di regola bisognava rispettare: i templi etruschi dovevano avere una pianta quasi quadrata. Poggiavano su un basamento quadrangolare e vi si entrava attraverso una scalinata frontale. Si accedeva così al pronao anteriore colonnato, cui seguiva una parte interna, in genere ripartita in tre celle, per tre divinità.

Si trova spesso anche una sola cella, fiancheggiata da due *alae* o ambulacri aperti: in questo caso la consacrazione era a un solo dio.

Le colonne che decoravano i templi erano di tipo tuscanico, rastremate ma non scanalate, con un capitello molto simile a quello dorico e una base.

Questa tipologia architettonica fu la più diffusa sul suolo italico per un ampio arco di tempo, anche se non mancarono esempi più simili al tempio greco con pianta rettangolare allungata e colonne in facciata, o addirittura con colonnato continuo su tutti i quattro lati.

Riguardo ai materiali, le fondazioni e i basamenti erano realizzati in pietra, mentre per l'alzato si preferivano materiali leggeri: la struttura portante, le travi, le colonne erano in legno.

Di conseguenza, i templi etruschi non si sviluppavano molto in altezza, mentre esibivano un tetto ampio, molto sporgente ai lati delle gronde.

Il tempio era completamente decorato da terrecotte architettoniche che nascondevano gli elementi strutturali.

Particolari di grande pregio di questa decorazione in terracotta dipinta erano le antefisse, elementi ornamentali a copertura delle testate delle travi; gli acroteri, statue o altre figure poste alla sommità o alle estremità del tetto; le lastre di rivestimento che si trovavano, in alto, lungo il perimetro, sia di fronte che di lato.

Uno dei più grandi templi tuscanici esibisce ancora i suoi possenti resti sul Campidoglio, a Roma: fu costruito dai re Tarquini, che incaricarono probabilmente Vulca, l'unico architetto etrusco di cui ci giunge il nome, reso celebre a Veio dall'edificazione del Tempio di Apollo.

Il tempio, che testimonia la grandezza degli Etruschi a Roma, fu dedicato alla fine del VI sec. a.C. alla Triade Capitolina, costituita dagli dei Giove, Giunone e Minerva.

Nonostante la bellezza superba di templi di cui possiamo immaginare l'impatto nei paesaggi arcaici, dobbiamo in definitiva registrare il fatto che la sensibilità etrusca appare poco incline alla monumentalità, intesa in termini di sfida al trascorrere inesorabile del tempo.

Diversamente dai monumenti greci e romani, che ci parlano con la loro verticalità, con il loro volume, conosciamo degli Etruschi solo fondazioni, podii, perimetri e aree, non volumi, non l'alzato, che, per la sua deperibilità, è andato sempre distrutto, lasciando pochi reperti decorativi, spesso in frantumi.

Una fonte fondamentale di conoscenza dell'arte etrusca ci arriva principalmente attraverso le sue numerosissime tombe.

Tra le famose necropoli, che si trovano ovunque nei territori etruschi, hanno particolare rilevanza quelle di Orvieto, Tarquinia, Chiusi, Cerveteri.

Sono per lo più sotterranee, riconoscibili all'esterno da un tumulo conico di terra con l'anello di base di pietra. Non mancano però anche tombe rupestri, per esempio a Sovana, nel basso grossetano.

Le tombe sono generalmente costituite da vari ambienti coperti con soffitto piano a spioventi e qualche volta a tholos.

Spesso le pareti sono coperte di figurazioni dipinte e, quando la statica lo richiede, le coperture sono sostenute da pilastri fortemente squadrati.

La pittura etrusca è essenzialmente complemento dell'architettura delle tombe e nei suoi temi, che hanno lo scopo di circondare il morto con le immagini della vita sostituendo lo spettacolo del mondo, prevalgono le scene di costume con musici, danzatori, atleti, partite di caccia e pesca e qualche volta scene di tema mitologico.

La scultura produce risultati anche più alti della pittura. Opere in bronzo, terracotta, tufo esprimono tutta la maestria etrusca, profondamente vocata alla tecnica e all'industria, capace di trarre dalla lavorazione tridimensionale dei materiali la più alta espressione del sentire etrusco.

Le funzioni della plastica nella società etrusca sono pertanto molte e non tutte relative al culto dei morti.

Un cenno particolare va fatto all'oreficeria che, mediante l'uso della tecnica della **granulazione** (vedi box alla fine del paragrafo), raggiunge livelli di eleganza e raffinatezza particolarmente elevati.

Nel VI secolo a.C. Vulca, l'unico artista etrusco di cui, come abbiamo detto, ci resta il nome e al quale si è già accennato per la realizzazione del tempio di Giove sul Colle Capitolino, si distingue non solo come architetto, ma anche per quel che riguarda la scultura arcaica ionica.

Ancora a Vulca si attribuisce la grande statua dell'Apollo di Veio (immagine che precede) che era elemento di una decorazione esterna in terracotta (acroterio) di un tempio. In questa statua possiamo notare che l'impostazione della figura ha elementi ionici. La massa, cioè, si spiana in ampie superfici, si risolve in sottili e vibranti nervature delle pieghe della veste. Ha però una diversa modellazione rispetto all'arte ionica, in quanto offre alla luce un contatto più duro e stridente, con l'effetto di espandere la forma nello spazio.

Degna di nota, ancora per le influenze ioniche, è anche la Lupa Capitolina (immagine che precede), che tuttavia presenta delle originalità veristiche nel modo in cui è accennata la tensione dei muscoli sotto la pelle. Va ricordato che i gemelli sono stati aggiunti solo in epoca rinascimentale.

Così pure merita attenzione la Chimera di Arezzo (immagine che precede), leggermente posteriore alle sculture descritte sopra, in quanto risalente al V secolo a.C., in cui la stilizzazione ionica viene accentuata al massimo, traducendola in fattore di tensione espressiva. L'energia vitale della chimera sembra come scorrere nel bronzo.

Nell'ambito della scultura etrusca, i sarcofagi con figure umane scolpite al di sopra del coperchio rappresentano una creazione davvero originale e tipica.

Famosissimi sono i due sarcofagi fittili ceretani con la coppia di sposi, della fine del VI sec. a.C., di cui uno è conservato al Museo del Louvre a Parigi, l'altro al Museo Nazionale Etrusco di Villa Giulia a Roma (immagine che segue). Si resta profondamente emozionati, in particolare, davanti a quest'ultimo: i due sposi sono adagiati su una *kline*, un letto conviviale ed esprimono una profonda unione coniugale e al contempo una serena e calda accoglienza verso lo spettatore.

La cultura greca giudicava scandalosa questa promiscuità tra uomo e donna e così anche i Romani guardarono con disprezzo la presenza e il coinvolgimento delle donne etrusche, poste alla pari con gli uomini persino nei simposi!

Sarcofagi a cassa lignea liscia con figure di demoni agli angoli costituiscono una particolare tipologia, tipicamente etrusca.

I sarcofagi in pietra divennero molto diffusi a partire dalla seconda metà del IV secolo a.C., principalmente a Tarquinia e nelle zone interne dell'Etruria centro-meridionale, soprattutto in età tardo classica e ellenistica; la produzione termina con la metà del I secolo a.C.

Spesso troviamo ai lati decorazioni con scene tratte dalla mitologia greca o con processioni etrusche e raffigurazioni purtroppo non spiegabili: non abbiamo le necessarie informazioni sulle leggende etrusche.

Riguardo ai ritratti dei defunti adagiati sui sarcofagi, il percorso artistico parte sicuramente da modelli greci, ma pur nel costante influsso greco, esprime un'esigenza profonda di realismo che determina il carattere inconfondibile della ritrattistica funeraria etrusca.

Tutto è visto dal punto di vista del defunto: a differenza di una rappresentazione idealizzata, ansiosa di soddisfare il punto di vista dello spettatore, di carattere tipicamente greco, qui i tratti veri del viso, le eventuali deformità, i mali e ogni imperfezione sono straordinari indizi di vita.

Sono segni concreti dell'esistere e motivo di rimpianto per colui che è sovrastato dall'insopportabile condizione di non essere più.

La passione per la vita non può più essere soddisfatta e non ammette scelte.

La prospettiva è dunque rovesciata. Non vi è più il bello e il brutto, il buono e il cattivo, tutto è egualmente pieno di significato dalla prospettiva del defunto, da cui promana un sentimento di nostalgia.

Il realismo che si ritrova nei sarcofagi tende a rappresentare quanto di vivo trapassa nella materia inerte e ne fa forma viva.

Anche uscendo dal mondo funerario, la ritrattistica etrusca conferma il suo carattere profondamente originale: si distingue per non essere celebrativa o commemorativa o interpretativa.

È semplicemente realistica. È prova dell'esistere.

A questo fine giova ricordare la già citata statua in bronzo dell'Arringatore, del I secolo a.C., molto vicina alla sensibilità romana e al contempo intrisa di un carattere ansioso e malinconico, espressione vivissima della tarda cultura etrusca, consapevole di essere vicina al tramonto.

Approfondimento: la granulazione

È questa una delle tecniche più affascinanti dell'oreficeria antica. Consiste nell'applicazione di minuscole sfere di diametro regolare a disegni o a decorazioni geometriche. È piuttosto complessa e raffinata e quindi è testimonianza del raggiungimento, da parte di chi la praticava, di un livello avanzato di conoscenze metallurgiche.

Il procedimento era pressappoco questo. Si preparavano delle sfere d'oro. A questo fine un sottilissimo filo d'oro del diametro di pochi decimi di millimetro veniva tagliuzzato fino a ottenere una sorta di paglia d'oro e poi questa veniva mescolata con carbone polverizzato e compressa in un crogiolo sigillato con argilla. Il composto veniva poi scaldato finché l'oro si fondeva e assorbiva una parte del carbonio contenuto nel combustibile che non bruciava per mancanza di ossigeno. La reazione chimica determinava che i pezzetti d'oro si raggrumavano formando granuli. Si toglieva quindi il crogiolo dal fuoco e lo si lasciava raffreddare. La miscela veniva lavata per recuperare i granuli che si presentavano di colore scuro a causa di una pellicola di carburo d'oro che ha un punto di fusione molto inferiore a quello dell'oro puro.

Il carburo d'oro veniva eliminato con la successiva lavorazione.

La tecnica della saldatura dei granuli è rimasta per lungo tempo un mistero. Si basa sull'uso di una particolare colla costituita da carbonato di rame, acqua e colla di pesce. Il composto, spalmato poi sulla lamina che si voleva decorare, teneva le sfere nella giusta posizione. Successivamente si riscaldava il gioiello in una muffola (camera di materiale refrattario) chiusa. In questa fase il rame contenuto nella colla fondeva e si legava all'oro. Poi il manufatto caldo veniva esposto all'aria e il contenuto di carbonio che formava la patina sui granuli si disperdeva e liberava la naturale lucentezza dell'oro.

Gli esemplari più antichi di gioielli a granulazione provengono dal Vicino Oriente e risalgono alla seconda metà del XVII secolo o al XVI secolo a.C.

La tecnica fu in uso già presso gli Egiziani ma raggiunge un particolare grado di perfezione nell'ambiente artigiano etrusco e poi cade in disuso in epoca romana e viene praticamente dimenticata fino al XIX secolo nel corso del quale si effettuano molti tentativi per imitare questo antico procedimento.

Le fasi principali dell'Arte etrusca

Cerchiamo ora di orientarci, creando una ripartizione tra le fasi dell'arte etrusca. Rivolgiamo innanzitutto la nostra attenzione a quel che c'era prima.

La Civiltà Villanoviana (X – VIII sec. a.C.)

La fase pre-etrusca è detta "Civiltà Villanoviana" e riguarda a tutti gli effetti genti autoctone, da riconoscere come antenate del popolo etrusco propriamente detto.

Si tratta di una fase protostorica, che prende il nome da Villanova, nei pressi di Bologna, il luogo dove avvennero i primi ritrovamenti di materiali con tratti tipici che risultarono poi ricorrenti in molte altre località e andarono a caratterizzare quella che fu riconosciuta come una omogenea civiltà pre-etrusca.

Vissuti fra il X e l'VIII sec. a.C., i Villanoviani ci hanno lasciato piccole necropoli che si collocano spesso intorno a una piattaforma di tufo, ove si svilupperà la città etrusca del periodo storico.

Nel periodo villanoviano l'economia si basa sull'agricoltura e l'allevamento ed è finalizzata all'automantenimento della comunità. Non si hanno dei veri e propri nuclei urbani, ma piuttosto degli insiemi di capanne in argilla e legno a pianta ovale o rettangolare e ad unico ambiente. Viene realizzata una limitata produzione di ceramica a uso pratico e domestico.

La produzione in bronzo e quella degli oggetti di maggior pregio è lasciata a "specialisti" inizialmente ambulanti.

Il rito funerario è l'incinerazione, che prevedeva contenitori biconici coperti con un elmo o una ciotola (elementi collegati al sesso del defunto), accompagnati da un corredo funebre limitato.

La Civiltà Etrusca (VIII – I sec. a.C.)

Entrando nell'epoca etrusca vera e propria, si suole ripartire l'evoluzione artistica in quattro periodi, in analogia con le fasi dell'arte greca, la quale influenzò moltissimo l'arte etrusca, pur con un ritardo evidente, da parte di quest'ultima, nell'assimilazione di stili e gusto.

1. Periodo Orientalizzante (750 – 570 a.C. circa)

Si tratta di una fase dell'arte etrusca che interessa i sec. VIII e VII a.C. e che testimonia un'importante evoluzione verso espressioni che risentono dell'importazione di oggetti dall'Egitto, dalla Fenicia e particolarmente dalla Grecia.

I corredi funebri appaiono già ricchi di vasellame e servizi completi per il simposio e testimoniano l'entusiasmo con cui gli Etruschi accolsero dai Greci quest'uso di trattenersi a lungo, dopo il banchetto, a bere, discutere, giocare.

Questo periodo risente molto, nelle decorazioni vascolari, dello stile geometrico greco, specialmente nelle versioni sviluppate dalle colonie greche dell'Italia meridionale.

L'oreficeria invece è, seppure su modelli stranieri, di fabbricazione locale.

La tecnica del bronzo si sviluppa alla fine di questo primo periodo con la produzione di troni, sedili, scudi di parata, lamine sbalzate per rivestire carri, specchi e ciste.

Nella ceramica, accanto alle imitazioni greche, si avvia un'originale produzione locale: vasi in stile italico-geometrico, ma anche grandi vasi ornati con figure di mostri e di animali.

Le officine di Cerveteri, in particolare, danno vita ad una produzione ad impasto destinata a diventare la più caratteristica forma di ceramica dell'antica Etruria: il **bucchero** (vedi box alla fine del paragrafo), che continuerà ad essere prodotto fino al V secolo a.C. ed esportato in quantità rilevanti.

Sono tuttavia i periodi successivi quelli che possiamo considerare di maggior fioritura.

Approfondimento: Il Bucchero

Con questa denominazione si indica un particolare tipo di ceramica lavorata al tornio, uniformemente nera tanto all'interno quanto all'esterno e lucidata sulla superficie.

Il nome attuale deriva dallo spagnolo "bucaro", parola con la quale venivano designati alcuni vasi provenienti dall'America meridionale fabbricati con una terra odorosa e colorata, imitati nel Portogallo e venuti di moda in Italia pressappoco all'epoca del diffondersi degli scavi e delle scoperte delle necropoli etrusche.

Diverse sono le teorie formulate sulla tecnica della lavorazione del bucchero. Una delle ipotesi più recenti, sostiene che il bucchero sia ottenuto semplicemente con il cosiddetto processo di cottura in "riduzione".

Una volta modellato il manufatto, realizzato in argilla molto rossa, esso, quando ha raggiunto la durezza del cuoio deve essere ben steccato affinché ne sia garantita la successiva lucidità. Quindi la cottura deve avvenire con una fiamma fumosa garantita da segatura, carbone e pezzetti di legno tra cui deve circolare il fumo così che l'ossido ferrico di color rosso contenuto nell'argilla si tramuti in ossido ferroso di colore nero.

Molto si è anche discusso sull'origine indigena di questa ceramica, che sia pure sporadicamente, è stata ritrovata in varie altre località del mondo antico, al di fuori del territorio etrusco vero e proprio o di diretta influenza etrusca (ad es. in Spagna, in Francia, a Naucrati in Egitto, sulla costa dell'Africa, nelle isole dell'Egeo, in Grecia, in Asia Minore, sulla costa del Mar Nero, ecc.). Questi esemplari isolati possono essere prova di una intensa attività commerciale, ma non certo di una introduzione in Etruria della tecnica del bucchero dal di fuori. Inoltre, non bisogna dimenticare che solo nel territorio etrusco il bucchero ebbe una particolare continuità di sviluppo ed una straordinaria fioritura, che giunse a trasformare un umile prodotto ceramico in eccezionale espressione d'arte. Inoltre il bucchero etrusco trova un precedente diretto e locale nella bella ceramica nero-lucida d'impasto (la cosiddetta ceramica buccheroide), produzione che risulta ininterrotta nel passaggio dalla Civiltà del Bronzo a quella del Ferro ed è perfettamente documentabile dal punto di vista archeologico. Con ogni probabilità, dunque, il bucchero si pone in continuità con la tecnica preistorica utilizzata per la creazione di vasi d'impasto neri a superficie lucida costituendone un perfezionamento verificatosi sotto l'influenza dei vasi d'importazione greci di argilla figulina e fatti al tornio. Non a caso i primi buccheri compaiono in concomitanza con la ceramica protocorinzia, di cui spesso ripetono la forma e persino la decorazione.

Si può con una certa sicurezza porre l'inizio della produzione del bucchero intorno alla metà del VII sec. a. C.

Da allora, fino alla fine del secolo si svolge la fabbricazione del cosiddetto bucchero sottile, che è caratterizzato dalla sottigliezza delle pareti e da una decorazione costituita da ventaglietti punteggiati ed elementi geometrici graffiti. Non mancano però anche esempî di ornamentazione plastica come le statuette-sostegno di un particolare tipo di calice. Sullo scorcio del VII sec. a. C. si introduce un graduale ispessimento delle pareti e si afferma una decorazione formata da uno stretto fregio figurato, a rilievo bassissimo, impresso a stampiglia mediante dei cilindretti fatti ruotare sulla superficie ancora molle del vaso. I motivi decorativi non offrono una grande varietà di soggetti e ci riportano al consueto repertorio orientalizzante: esseri fantastici come sfingi, centauri e grifi, animali, divinità alate e, meno spesso, processioni, riti funebri e offerte alla divinità.

Il V sec. a. C., segna la fine di questa peculiare ceramica. Tipiche di quest'ultima produzione sono forme barocche e strane, come la brocca il cui collo si configura in testa umana, ed i complessi rilievi e le ornamentazioni plastiche a tutto tondo, che spesso appesantiscono il vaso togliendogli ogni senso di misura e di armonia. A questo periodo tuttavia appartengono alcuni dei più notevoli vasi di bucchero che si conoscano.

Le principali forme dei vasi di bucchero seguono le classiche tipologie d'origine greca della produzione vascolare e sono: la kylix, lo skyphos, il calice, il kàntharos, l'òlpe, l'anfora, il kyathos, l'oinochòe, il braciere ed il supporto come è possibile osservare nello schema che segue.
Proprio la molteplice varietà delle forme e la loro varia genesi (imitazione di vasi d'importazione e locali, di prodotti di metallo e di avorio e, più raramente, creazione originale) possono costituire una conferma dell'origine indigena della tecnica del bucchero.

Principali tipologie
dei vasi etruschi
Kylix
Kantharos
Calice
Anfora
Olpe
Kyathos
Skyphos
Oinochoe

2. Periodo Arcaico (570 – 475 a.C. circa)

Questo periodo coincide cronologicamente con la fase arcaica greca. In Grecia siamo nel periodo successivo alla vittoria contro i Persiani, che segnò l'inizio della democrazia e vide sorgere l'eccezionale generazione che porterà, trent'anni dopo, alla piena classicità dell'arte di Fidia e di Policleto.

Per l'Etruria, invece, il 474 a.C. segna, con la sconfitta dinanzi a Cuma, subita contro i Siracusani, l'inizio di un grave periodo di regresso economico e di involuzione.

Quindi da quel momento il percorso artistico non è più nel ritmo della vicenda artistica greca e continua ad attardarsi su stilemi e linguaggi arcaici, ormai ampiamente superati in Grecia.

Ma la fase precedente a questo declino è quella in cui va collocata l'attività di quel Vulca, il maestro della scuola di Veio cui si è già accennato.

A lui si possono attribuire le grandi statue fittili trovate nello scavo del tempio del Portonaccio a Veio e cioè il già citato Apollo, l'Eracle, l'Hermes, la statua femminile (Latona) col bambino, e gli altri frammenti pertinenti alla decorazione architettonica.

Rientrano in questa fase anche alcune pitture parietali di Tarquinia: la Tomba dei Tori con l'agguato di Achille a Troilo; la Tomba degli Auguri con scene crudeli di ludi funebri; la Tomba della Caccia e della Pesca con largo tema paesistico e narrativo; la Tomba delle Baccanti e delle Leonesse e la Tomba del Barone, quest'ultima così elegante e composta, da far ritenere che fosse opera di artista greco, anche se una più attenta analisi ha portato a riconoscerne le caratteristiche etrusche.

Le decorazioni tombali di Tarquinia sono di grande importanza non solo per la storia dell'arte etrusca ma anche, di riflesso, per quella dell'arte greca, della quale abbiamo perso quasi completamente proprio le opere di pittura.

3. Periodo Classico o di mezzo o di influenza ionica e attica (475 – 225 a.C. circa)

In questo periodo l'Etruria ha perso il dominio del mare.

Anche se dapprima una resistenza etrusca agisce ancora su un piano internazionale contro i Siracusani e contro i Cartaginesi, si verifica una evidente stasi e anche una involuzione nel campo dell'arte, connessa anche con una minore potenzialità economica e quindi con una minore attività artistica.

La crisi investe soprattutto l'area costiera e meridionale, mentre le zone interne e settentrionali, che avevano conosciuto uno sviluppo più lento e omogeneo in precedenza, divengono la principale area economica e produttiva.

A questo periodo appartengono comunque i migliori esemplari di sarcofagi in pietra, a cassa, generalmente con figura del defunto distesa o recumbente sopra il coperchio, caratteristici della necropoli di Tarquinia ma diffusi anche altrove, e la cassa decorata da rilievi per lo più ispirati a motivi di combattimento desunti dall'arte greca. In qualche caso la cassa è decorata da pitture.

Chiusi è la città nella quale, in questi anni, meglio si possono seguire i tempi e i modi della penetrazione delle forme classiche. Dal 470 a.C. circa si data una serie di statue-cinerario sedute o, in seguito, recumbenti, che sostituisce interamente la produzione dei cippi e delle urne cinerarie scolpite a bassorilievo, riprendendo una tipologia in parte già in uso in epoca arcaica. Da uno stile tardo arcaico gli scultori chiusini passano ad una assimilazione di forme protoclassiche e poi fidiache nel trattamento dei panneggi e policletee nei nudi. La produzione, a parte alcuni pezzi di eccezione, diviene di bottega nel IV secolo a.C.

Oltre alla scultura in pietra, Chiusi raggiunge alti livelli nella lavorazione del bronzo: ne è un esempio eccezionale il celebre Lampadario di Cortona, conservato al Museo dell'Accademia Etrusca e della Città di Cortona; non vi è eccellenza invece nell'ambito della coroplastica, che continua a essere praticata dalle maestranze di Veio fino alla caduta della città nel 396 a.C. ad opera dei Romani.

Dopo la caduta di Veio e l'espansione celtica nell'Etruria padana, inizia una riorganizzazione sociale su base cittadina che, minando il precedente assetto oligarchico, soprattutto nel meridione (Vulci, Tarquinia, Falerii e Caere), provoca una ripresa dei consumi privati e della committenza pubblica, oltre al rifiorire delle piccole città all'interno.

4. Periodo Ellenistico (225 – 30 a.C. circa)

In età ellenistica, e particolarmente dal 225 al 100 circa a. C., si può riconoscere un secondo, più breve, periodo di fioritura, che va anch'esso riecheggiando quasi di continuo i modi e gli schemi iconografici dell'ellenismo; ma sovente con maggiore libertà e freschezza di prima, anche se spesso con notevole grossolanità.

Le libertà strutturali, il pittoricismo e il realismo dell'arte ellenistica dovettero infatti essere particolarmente congeniali al gusto etrusco, certo più che non le severe e calibrate forme dell'arcaismo.

Gli artisti etruschi, in questo periodo, si accontentano di forme approssimative, rozze, ma ricercano sempre e raggiungono spesso l'effetto di creare una realtà vitale. Ciò accade soprattutto nella scultura funeraria, la più genuina.

Nella plastica in terracotta che adorna gli edifici templari, si hanno forme più ellenizzanti, con una preferenza per quelle che ricordano il pathos tipico dell'arte dello scultore greco Skopas. Esemplari, in questo senso, alcune teste maschili e femminili, di piccole dimensioni, ma di solida plastica, provenienti da Arezzo (Firenze, Museo Archeologico), databili alla metà del II sec. a. C.

Caratteristica è, in questo periodo, la decorazione dei frontoni dei templi non più con statue, ma con altorilievi sempre in terracotta dipinta, come mostrano gli esempi di Talamone e di Luni, che si trovano a Firenze, al Museo Archeologico.

Con il periodo ellenistico in Etruria si accentua il ricorso al repertorio mitico greco che accompagna l'espressione artistica fino al definitivo declino: in misura massiccia, tutti i generi artistici, dalla pittura alla plastica architettonica, dalla ceramica all'artigianato di lusso guardano all'arte greca e soprattutto magnogreca.

Così gli dei greci prestano aspetto e attributi alle divinità etrusche, i miti più conosciuti appaiono nei frontoni dei templi e sui sarcofagi e gli stilemi della grande pittura greca diventano gli elementi del linguaggio pittorico delle scene storiche o quotidiane negli affreschi delle tombe.

2.d. L'Arte. Sintesi

Le prime manifestazioni artistiche in ambito etrusco si possono far risalire al periodo fra la fine del IX secolo e il principio dell'VIII sec. a.C. La parabola dell'arte etrusca si concluderà poi tra II e I sec. a.C.

Nell'arte etrusca fu determinante l'influenza della cultura figurativa greca, ma la forte specificità etrusca fu sempre quella di rappresentare la realtà, il vivere pratico quotidiano.

Gli Etruschi furono grandi costruttori di opere civili che, attraverso i Romani, si sono spesso conservate fino a noi, come la Cloaca Massima e le opere di drenaggio delle acque che resero utilizzabile l'area del Foro Romano.

Gli Etruschi idearono la copertura ad arco e a volta che diverrà il tema base dell'architettura romana.

Per i templi, che l'architetto romano Vitruvio denominò tuscanici, adoperarono materiali deperibili, come legno e argilla. Ciò fa apparire la sensibilità etrusca poco incline alla monumentalità intesa in termini di sfida al trascorrere inesorabile del tempo.

I templi etruschi presentavano in genere tre celle, per tre divinità. Erano completamente decorati da terrecotte architettoniche che nascondevano gli elementi strutturali. In terracotta erano realizzate antefisse, acroteri, lastre di rivestimento.

Uno dei più grandi templi tuscanici a Roma fu dedicato alla fine del VI sec. a.C. alla Triade Capitolina, costituita dagli dei Giove, Giunone e Minerva.

Le tombe sono un elemento fondamentale per la conoscenza dell'arte etrusca. Esempi significativi si trovano a Orvieto, Tarquinia, Chiusi, Cerveteri. Si tratta per lo più di tombe sotterranee ma non mancano tombe rupestri come per esempio a Sovana. Spesso le pareti delle tombe sono coperte di figurazioni dipinte.

La scultura produce risultati anche più alti della pittura. Le funzioni della plastica nella società etrusca sono diverse e non solo relative al culto dei morti.

Nell'oreficeria un posto di riguardo spetta alla granulazione che costituisce una delle tecniche più affascinanti dell'oreficeria antica. Essa consiste nell'applicazione sui gioielli di minuscole sfere di diametro regolare a disegni o a decorazioni geometriche.

Conosciamo il nome di un solo artista etrusco: Vulca al quale si attribuisce la grande statua dell'Apollo di Veio.

Una creazione davvero originale e tipica nella scultura etrusca sono i sarcofagi con figure umane scolpite al di sopra del coperchio. Un tipico esempio è quello con la coppia di sposi conservato al Museo Nazionale Etrusco di Villa Giulia a Roma. Esistono anche sarcofagi a cassa lignea liscia con figure di demoni agli angoli.

I sarcofagi in pietra divennero molto diffusi a partire dalla seconda metà del IV secolo a.C. e presentano anch'essi ritratti dei defunti adagiati sui sarcofagi. È evidente l'influsso greco, ma i sarcofagi etruschi esprimono un'esigenza profonda di realismo tendente anche a rappresentare le deformità, i mali e ogni imperfezione del personaggio sepolto.

Anche uscendo dal mondo funerario, la ritrattistica etrusca conferma il suo carattere profondamente originale e realistico distinguendosi quindi per non essere celebrativa o commemorativa o interpretativa. Emblematica è la statua in bronzo dell'Arringatore, del I secolo a.C.

È possibile effettuare una periodizzazione dell'arte etrusca.

La Civiltà Villanoviana (X – VIII sec. a.C.) precedette la civiltà etrusca propriamente detta. Vissuti fra il X e l'VIII sec. a.C., i Villanoviani svilupparono un'economia basata sull'agricoltura e l'allevamento e finalizzata esclusivamente all'automantenimento.

La Civiltà Etrusca vera e propria inizia col cosiddetto Periodo orientalizzante (750 - 570 a.C. circa). Esso è caratterizzato dell'importazione di oggetti dall'Egitto e dalla Fenicia e dunque dall'Oriente Mediterraneo. In questo periodo si sviluppa anche la produzione di manufatti in bucchero, un particolare tipo di ceramica lavorata al tornio, ottenuta attraverso uno speciale procedimento di cottura. Questa ceramica si presenta uniformemente nera tanto all'interno quanto all'esterno e lucida sulla superficie.

Il Periodo arcaico (570 - 475 a.C. circa) coincide cronologicamente con la fase arcaica greca. Il 474 a.C. segna, con la sconfitta dinanzi a Cuma, subita contro i Siracusani, l'inizio di un grave periodo di regresso economico e di involuzione dell'arte etrusca. Da quel momento il percorso artistico non sarà più nel ritmo della vicenda artistica greca, ma continuerà ad attardarsi su stilemi e linguaggi arcaici ormai ampiamente superati in Grecia. La fase precedente a questo declino è comunque quella in cui opera Vulca. Rientrano anche in questa fase alcune pitture parietali di Tarquinia: come quelle della Tomba dei Tori, degli Auguri, della Caccia e della Pesca, delle Baccanti e delle Leonesse e del Barone.

Le decorazioni pittoriche tombali di Tarquinia sono di notevole importanza anche per la ricostruzione della pittura greca andata quasi totalmente perduta.

Il Periodo classico o di mezzo o di influenza ionica e attica (475 - 225 a.C. circa) è quello in cui l'Etruria ha perso il dominio del mare. È caratterizzato da una stasi se non addirittura da una involuzione nel campo dell'arte legata alla minore potenzialità economica. In questa fase le zone interne e settentrionali divengono la principale area economica e produttiva. In questo periodo si hanno anche i migliori esemplari di sarcofagi in pietra. Chiusi è la città nella quale in questi anni meglio si possono seguire i tempi e i modi della penetrazione delle forme classiche. Chiusi, inoltre, raggiunge alti livelli nella lavorazione del bronzo.

Il Periodo ellenistico (225 - 30 a.C. circa) inizia con un secondo, più breve, periodo di fioritura. Le libertà strutturali, il pittoricismo e il realismo dell'arte ellenistica dovettero infatti rivelarsi particolarmente congeniali al gusto etrusco che non le severe e calibrate forme dell'arcaismo. Con il periodo ellenistico in Etruria si accentua il ricorso al repertorio mitico greco, che accompagna l'espressione artistica fino al definitivo declino.

2.e La società etrusca e il suo modello di vita

Gli Etruschi occupavano originariamente la Toscana, il Lazio settentrionale e l'Umbria.

A partire dall'VIII secolo a.C. la loro presenza è documentata in Campania.

Dalla seconda metà del VI sec. a.C., valicando l'Appennino, giunsero nella Valle Padana, dove occuparono Felsina (Bologna) e poi quelle che saranno Ravenna, Cesena, Rimini, Parma, Piacenza, Mantova, Melpum presso Milano e poi Spina sulla costa adriatica emiliano-romagnola. Questo centro diventò la porta d'ingresso dei prodotti greci nella Valle Padana, in rivalità con Adria, cui già facevano capo i navigatori greci.

L'espansione nella Val Padana avvenne per iniziativa delle città dell'Etruria settentrionale, probabilmente per trovare sbocchi sul mare Adriatico, dato che il basso Tirreno era sempre più controllato dalle colonie greche di origine calcidese.

A questo proposito ricordiamo che anche il collegamento tra gli Etruschi della Toscana e quelli della Campania si sviluppò per vie interne, proprio per evitare le rotte marittime che erano controllate dai Calcidesi.

Per raggiungere la Campania, gli Etruschi potevano passare a ridosso di quella che sarà la via Latina: lo testimonia Praeneste, l'odierna Palestrina, con le sue splendide tombe i cui corredi risentono fortemente dell'influenza etrusca.

Anche il passaggio per Roma era molto sfruttato: l'Isola Tiberina facilitava l'attraversamento del Tevere.

Gli Etruschi non diedero origine a uno stato unitario e furono organizzati piuttosto secondo il modello della città – stato.

Le città si costituivano poi in federazioni di carattere sacro e rituale per difendere i comuni interessi.

Secondo la tradizione, la potente alleanza tra città stato fu espressa dalla Dodecapoli, una vera e propria Lega Etrusca stretta e sugellata da un patto di natura religiosa, economica e militare.

In assenza totale di documentazione, certamente dobbiamo annoverare tra le importanti città confederate: Veio, Caere, Tarquinia, Vulci, Roselle, Vetulonia, Populonia, Volsinii, Chiusi, Perusia, Arretium e Volterra.

Dal punto di vista militare e strategico, la Lega non espresse quella coesione e quel coordinamento necessari per contrastare le aggressioni esterne.

In seguito alla conquista romana, caddero alcune città (Veio fu la prima, nel 396 a.C.) e altre dovettero prendere il loro posto nella dodecapoli.

Abbiamo notizia di un santuario dove ogni anno la Dodecapoli celebrava un solenne incontro: il Fanum Voltumnae, un luogo sacro e misterioso la cui posizione si ipotizza nel territorio dell'antica e potente città di Volsinii (l'attuale Orvieto), anche se l'ubicazione di questo importantissimo sito è ancora controversa.

Durante l'incontro avveniva l'elezione dello zilath mech rasnal, il capo della Federazione, figura potentissima che riuniva nelle sue mani un fascio di verghe, insegna e strumento enfatizzato del suo potere.

Il cosiddetto fascio littorio è noto come insegna di potere tipica dei magistrati romani, ma la sua origine etrusca è documentata dalla Tomba del Littore, rinvenuta a Vetulonia: nella tomba, databile al VII sec. a.C., fu trovato un corredo funebre ricco e ben conservato, ora esposto presso il Museo archeologico nazionale di Firenze.

Tra straordinari gioielli e preziose suppellettili, c'è anche un'ascia bipenne (a due lame) in ferro, che era legata a un fascio di verghe: un fascio, simbolo dell'altissimo rango del defunto.

Una ulteriore conferma ci viene dal poeta latino Silio Italico: egli racconta che durante il regno di Tarquinio Prisco fu introdotto a Roma l'uso dei fasci.

Il fascio littorio era un potente simbolo legato a un uso concreto: le verghe venivano materialmente usate per fustigare i colpevoli di qualche mala azione sul posto, mentre l'ascia era utilizzata per infliggere la pena capitale ed era comunque un mezzo di difesa da parte della scorta del re.

Lo Stato romano assunse, in effetti, molte delle insegne del potere del re etrusco che conferivano maestà e rispetto ai re e ai magistrati: la corona d'oro, il trono d'avorio, lo scettro ornato da un'aquila, la tunica e il mantello di porpora intessuti d'oro, il fascio di verghe con la scure.

L'immagine del potere del console romano è legata ai fasci, recati sulla spalla da dodici littori che sempre precedono il magistrato, come accadeva per l'antico rex.

I littori erano vere guardie del corpo, la cui origine è riconducibile al corteo che accompagnava i re etruschi portando il segno della sua potestà di punire: i fasci littori, appunto.

Le strutture politiche degli Etruschi avevano un governo retto dai *Laucme* cioè i Lucumoni, figure di re-sacerdoti cui venivano attribuite le insegne regali che si sono illustrate in precedenza.

Ai Lucumoni subentreranno successivamente le aristocrazie locali, a capo delle quali c'è uno *Zilath* o un *Purthne,* che diventerà il Praetor latino.

Altra figura di alto rango è il *Macstrna,* che in latino diventerà Magister.

Il sovrano fondava il suo potere su una classe aristocratica di ricchi proprietari terrieri, che aveva alle proprie dipendenze masse di servi.

Al cospetto di reperti archeologici riferibili alle insegne regali, di fronte alla rappresentazione pittorica o scultorea di figure regali, sacerdotali, di personaggi comunque autorevoli, si materializza ai nostri occhi il mondo dei valori etruschi e si ha la sensazione di una enorme distanza tra la loro idea di potere e quella sviluppatasi poi nel mondo romano.

La definizione di un'autorità che ispiri rispetto e devozione appare riferita a criteri di profonda saggezza, di intelligenza e sacro collegamento col volere degli dei. Non sembrano prevalere criteri di forza, ricchezza, nobiltà di nascita.

Sono sensazioni, certo.

Ma se proviamo a risalire al tema della Grande Dea Mediterranea, a epoche remote, prima che la civiltà progredisse verso forme più strutturate di gestione del potere, sappiamo che il centro della vita comunitaria era più che mai la religione.

L'ispirazione divina determinava la scelta di chi dovesse presiedere al culto e insieme all'esercizio del potere e dell'autorità.

Il culto era articolato in antichissimi rituali, custoditi dal mondo femminile, allora profondamente rispettato e onorato.

Dunque, appare naturale immaginare un sacerdote-re e al suo fianco una sacerdotessa-regina, investiti dei poteri supremi. Come potrebbero evocare gli Sposi di Cerveteri...

La Grecia classica e Roma svilupparono, certo con intelligenza e visione strategica, l'esperienza delle civiltà arcaiche: si toccarono innegabili vertici nel progresso tecnico, architettonico e artistico.

Si raggiunse la maturità politica e si diede una forma già "moderna" ai concetti di Stato, amministrazione, burocrazia e istituzione.

Però sempre più si trascurò l'originario rispetto per il senso delle cose, rintracciabile ancora nella civiltà degli Etruschi, nella quale il potere politico era strettamente legato all'idea di ordine, di rispetto per il volere divino, di sacralità degli atti e dei gesti degli uomini e delle comunità.

In seguito il potere fu sempre più associato al concetto di dominio, consentendo il dilagare del sopruso, della tracotanza, della decadenza dei costumi, dello sfarzo e della lascivia.

La famiglia

La famiglia nell'antichità era considerata qualcosa di più esteso di quello che comunemente oggi è indicato da questo termine e questo vale anche per la famiglia etrusca.

Familia, in questo senso, derivava, secondo la testimonianza di Festo, grammatico romano del II sec. d.C., dall'osco *famel* che appunto significa servo. Dunque famiglia originariamente significava l'insieme dei servi. Va ricordato anche che c'era uno speciale magistrato, un apposito *Zilath*, addetto alla trattazione delle questioni riguardanti gli uomini non liberi.

La donna

La società etrusca colpiva gli osservatori contemporanei e in particolare quelli greci per due aspetti:

lo stile di vita delle classi aristocratiche, caratterizzato da ricchezza e lusso, esibiti impreziosendo le acconciature e i vestiti con gioielli;

il ruolo della donna.

Gli storici greci e latini ci narrano di un mondo etrusco principalmente dedito all'abbondanza sfrenata, fatta di lusso, di vino, di danze, di crudeltà, di eccessi in ogni senso.

Un mondo che contrastava fortemente con il modello dell'uomo greco virtuoso, che riuniva in sé gli aggettivi kalòs e agathòs, ovvero le qualità di nobiltà e grandezza d'animo che concorrono all'equilibrio ideale della figura dell'eroe.

Un mondo che ancor di più contrastava con il "mos maiorum", i costumi, le usanze degli antenati che ispiravano la retta via e la pratica delle più alte virtù all'uomo romano.

Riguardo alla figura della donna, va ricordato che nella generalità delle testimonianze riguardanti le antiche civiltà, essa appare come subalterna rispetto all'uomo: dedita alla generazione di figli, alla casa, alla filatura e a tutte le occupazioni tipicamente femminili, impreziosiva l'immagine della famiglia con un comportamento morigerato e una vita silenziosa e quasi invisibile.

In questo quadro, tanto più straordinaria e in controtendenza si rivela la libertà di cui gode, invece, la donna etrusca.

Ciò traspare con decisione dalle testimonianze iconografiche e dal racconto, spesso scandalizzato, degli storici antichi e si verifica, in particolare, a partire dal VI sec. a.C., e per tutto il V sec., in connessione con la vigorosa ondata di benessere economico rivelataci dai corredi funebri, soprattutto nell'area dell'Etruria propriamente detta (Toscana, alto Lazio e Umbria).

Con il IV sec. a.C. la condizione sociale della donna etrusca va perdendo gradualmente la sua autonomia e regredisce, assimilando i modelli di vita greci e romani, con i quali i contatti si sono fatti sempre più intensi.

Le donne etrusche, a differenza di quanto avveniva in Grecia, partecipavano attivamente alla vita sociale, spesso sapevano leggere e scrivere, potevano essere titolari di attività economiche, mantenevano il patronimico anche da sposate.
Ci si riferisce in particolare al ceto benestante: solo a donne aristocratiche possono ispirarsi certe scene di vita nobile e spensierata della più nota iconografia etrusca, certi sontuosi corredi funebri, eccezionalmente ricchi e preziosi.

Come attestano le iscrizioni funebri, esse erano dotate di nome proprio, fatto davvero straordinario, se si pensa che a Roma le donne, fino alla tarda età repubblicana, venivano denominate esclusivamente con il nome della gens, ovvero della famiglia, alla quale appartenevano, come *Iulia, Lucrezia, Cornelia, Tullia* e, se in famiglia ce n'era più di una, ai nomi si aggiungeva: *prima, secunda, tertia...*

A Roma, l'anziana e la giovane con lo stesso nome portavano gli aggettivi *maior* e *minor*: per esempio, Agrippina Maior e Agrippina Minor.

Il nome proprio fa della donna etrusca una persona distinguibile per sé, con un'identità propria.

Incontriamo nelle iscrizioni ragazze e signore come Larthia, Thesathei, Ramutha, Velelia, Anthaia, Thania, Nuzinai, Velthura, Tita.

Esse dovevano saper leggere, viste le dediche e le didascalie che arricchiscono frequentemente gli oggetti d'uso quotidiano.

È probabile che potessero gestire attività commerciali di cui appaiono titolari, come lasciano immaginare alcune iscrizioni.

Dedicavano molto tempo alla cura della loro bellezza, usando specchi, strumenti di vario tipo e unguentari, amavano vestire elegantemente, evidenziando le loro belle forme e indossando elaboratissimi e ricchi gioielli.

Molto varie e articolate sono le pettinature testimoniate nei ritratti: nel VI sec. a.C. lunghe trecce pendevano sul seno e sulle spalle delle donne, mentre in seguito troviamo l'uso di raccogliere i capelli in una reticella o in ciocche spesse e tirati all'indietro.

Le nostre signore etrusche, consorti di uomini importanti, nobili, ricchi, colti uscivano spesso di casa, non rinunciavano a stare al fianco dei loro mariti, amavano i piaceri della vita, i banchetti raffinati, musica e danza.

Si dedicavano anche alla tessitura e alla filatura, come testimoniano pesi di telaio, fuseruole, rocchetti, facendosi piacevolmente aiutare dalle ancelle.

Alcuni morsi di cavallo ritrovati nei corredi femminili lasciano immaginare anche un'autonomia di movimento della donna etrusca, che forse viaggiava senza essere necessariamente accompagnata.

Ritorniamo alle fonti storiche che ci parlano del mondo etrusco: sono fonti greche e romane, che osservano e riportano tutto alla luce della loro morale. Ricordiamo che, sia nella società greca che in quella romana, le uniche donne ammesse ai banchetti erano le meretrici e tali vengono considerate le donne etrusche da storici come il greco Teopompo, vissuto nella metà del IV sec. a.C. : "...*era costume presso gli Etruschi che le donne fossero in comune: esse curano molto il loro corpo, facendo esercizi sportivi da sole o con gli uomini; non ritengono vergognoso comparire in pubblico nude; stanno a tavola non vicino al marito, ma vicino al primo venuto dei presenti e brindano alla salute di chi vogliono. Sono forti bevitrici e molto belle da vedere*".

Prosegue Teopompo sull'educazione dei figli: "*...i Tirreni allevano tutti i bambini ignorando chi sia il* *padre di ciascuno di essi; questi ragazzi vivono nello stesso modo di chi li mantiene, passando parte del tempo ubriacandosi e nel commercio con tutte le donne indistintamente"*.

Il piacere di bere vino e di brindare da parte delle donne etrusche durante il banchetto è in effetti testimoniato in molti corredi tombali femminili, in cui sono stati ritrovati calici, brocche e altri utensili che richiamano il simposio come rito centrale nella vita sociale della defunta.

Per il resto, piuttosto menzognero appare il resoconto di Teopompo.

Riguardo alla nudità, la pur abbondante iconografia non ci ha conservato immagini di donne nude nelle scene di banchetto.
Riguardo alla promiscuità con uomini diversi dai mariti, abbiamo una testimonianza di Aristotele, che ci ricorda che *"...gli Etruschi mangiano insieme con le mogli giacendo sotto lo stesso manto"*.

Riguardo infine all'educazione dei figli, il commento di Teopompo risente della sua disapprovazione in merito alla libertà delle madri etrusche, che probabilmente potevano educare i figli godendo della medesima condizione giuridica dei padri, mentre in Grecia e a Roma era il padre a decidere del destino dei figli e le donne erano escluse da qualsiasi ruolo decisionale.

Non è possibile però sostenere addirittura l'idea di un impianto matriarcale della società etrusca: dai dati e dalle testimonianze emerge con evidenza una preponderanza maschile, ben percepibile nelle iscrizioni, dove, anche in presenza del matronimico, è sempre il patronimico a prevalere.

Tuttavia, un assetto sociale così diverso dalle altre civiltà antiche, in termini di libertà femminile, suscita l'idea di un'eredità proveniente da un retaggio assai più antico.

Fa pensare al riflesso di un mondo dimenticato, di cui gli Etruschi esprimono per noi come un ultimo baluginio.

2.e. La società etrusca e il suo modello di vita. Sintesi

Gli Etruschi occupavano originariamente la Toscana, il Lazio settentrionale e l'Umbria. A partire dall'VIII secolo a.C. la loro presenza è documentata anche in Campania. Nella metà del VI sec. a.C., valicando l'Appennino, giunsero nella Valle Padana per cercare sbocchi sul mare Adriatico. Per raggiungere la Campania, gli Etruschi potevano passare a ridosso di quella che sarà la via Latina. Ciò è testimoniato dall'odierna Palestrina con le sue splendide tombe, i cui corredi risentono fortemente dell'influenza etrusca. Anche il passaggio per Roma era molto sfruttato in quanto l'Isola Tiberina facilitava l'attraversamento del Tevere.

Gli Etruschi non diedero origine a uno stato unitario e furono organizzati piuttosto secondo il modello della città – stato. Si costituivano poi in federazioni di carattere sacro e rituale per difendere i comuni interessi.

Le strutture politiche degli Etruschi avevano un governo retto dai Laucme cioè i Lucumoni, figure di re-sacerdoti. Ai Lucumoni subentreranno successivamente le aristocrazie locali a capo delle quali c'era uno Zilath o un Purthne, che diventerà il Praetor latino.

Nella società etrusca la definizione di un'autorità che ispiri rispetto e devozione appare riferita a criteri di profonda saggezza, di intelligenza e sacro collegamento col volere degli dei. Non sembrano prevalere criteri di forza, ricchezza, nobiltà di nascita in quanto il potere politico era strettamente legato all'idea di ordine, di rispetto per il volere divino, di sacralità degli atti e dei gesti degli uomini e delle comunità.

Il Fanum Voltumnae era un luogo sacro e misterioso la cui posizione si ipotizza nel territorio della attuale Orvieto. Vi si svolgeva un solenne incontro durante il quale avveniva l'elezione dello zilath mech rasnal, il capo della Federazione, figura potentissima che riuniva nelle sue mani un fascio di verghe, insegna e strumento del suo potere.

Il poeta latino Silio Italico racconta che durante il regno di Tarquinio Prisco fu introdotto a Roma l'uso dei fasci. In effetti lo Stato romano assunse molte delle insegne del potere del re etrusco.

Le donne etrusche, a differenza di quanto avveniva in Grecia e a Roma, partecipavano attivamente alla vita sociale, spesso sapevano leggere e scrivere, potevano essere titolari di attività economiche, mantenevano il patronimico anche da sposate.

Dedicavano molto tempo alla cura della loro bellezza.

Non è possibile tuttavia sostenere addirittura l'idea di un impianto matriarcale della società etrusca.

2.f Il sentimento religioso

Il sentimento religioso degli Etruschi ci è pressoché sconosciuto, pur essendo oggetto di molte descrizioni e di molte interpretazioni.

Ci parlano di esso le fonti e i reperti che sono giunti sino a noi, integrati con le suggestioni che certi luoghi possono ancora suscitare e che hanno spesso animato interpretazioni letterarie di scrittori, poeti, pittori.

David Herbert Lawrence, poeta, romanziere, pittore inglese, scrisse "Etruscan places", libro di un viaggiatore appassionato che riflette: *"...per gli Etruschi la morte era una piacevole continuazione della vita con gioielli e vino e flauti ad accompagnare la danza. Non era né un'estasi di beatitudine né un purgatorio fatto di tormenti, era proprio la continuazione naturale della pienezza della vita. Ogni cosa era concepita in base alla vita, al vivere"*.

Indubbiamente, il senso etrusco del sacro giunge a noi nel segno quasi esclusivo del rapporto di questo popolo con la morte.

Infatti, ad abitare il nostro immaginario sono principalmente le necropoli etrusche e in particolare le tombe dipinte di Tarquinia.

Eppure, c'è dell'altro.

Sappiamo quanto gli Etruschi, esperti architetti e costruttori, edificassero con maestria e devozione formidabili templi.
Si trattava di strutture maestose, anche se non destinate a durare eternamente, dati i materiali di facile deperimento utilizzati.

Erano luoghi sacri e custodivano l'essenza più profonda dello spirito divino.

Gli dei

Il pantheon etrusco è ricco di anticipazioni sulle divinità romane.

TINIA è identificabile con Giove, il padre degli dei, associato alla benefica luce del giorno e al terribile lampo della folgore.

Dioniso è l'etrusco FUFLUN, legato al vino, alle danze, agli eccessi, alla trasformazione e alla rinascita.

APLU è Apollo, folgorante di luce e bellezza.

A fronte delle principali divinità maschili, nel mondo etrusco emerge con forza la sostanza simbolica del Principio Femminile, della sua profonda azione equilibratrice nell'ambito dei ritmi cosmici.
Tale principio archetipico fu venerato nelle figure di molteplici dee.

Una delle più importanti dee etrusche fu UNI, nella quale si può riconoscere la romana Iuno, Giunone.

Per gli Etruschi Uni fu la dea generatrice universale, la protettrice delle partorienti, la dispensatrice del potere materno e nutritivo destinato alle creature viventi per la loro prosperità e crescita.

È l'archetipo della madre, la donna quale creatrice e origine del creato, associata all'estate, la stagione della fruttificazione e del rigoglio della natura.

Alla primavera corrisponde invece MENERVA, la romana Minerva.

Il giorno a lei consacrato, il Mineruium, ricorreva il 19 marzo, antica data dell'equinozio primaverile e festa di tutti gli artigiani, classe sociale in stretta consonanza con i culti tellurici della madre terra.

Nell'etimologia del nome etrusco Menerva è presente la radice men, che deriva da un'antica divinità lunare dell'Asia Minore (Frigia), Men o Mene.

THANA è Diana, espressione del femminile nello stato di verginità, indipendenza e mutevolezza lunare.

In TURAN riconosciamo Venere. Turan era la "Signora", nel significato di padrona, in grado di comandare il cuore degli esseri umani, piena di grazia e bellezza, sensualità ed armonia (medesima radice ha la parola greca "tiranno", che originariamente significa signore, principe).

Nel territorio italico è potente e radicato il culto della MATER MATUTA, principio di fecondità, di maternità, di ogni nascita. Essa viene rappresentata in modo ricorrente in tutte le sue funzioni di madre, con particolare riguardo all'allattamento.

La madre che allatta era una rappresentazione davvero inconsueta, invece, nel mondo greco: richiamava fondamentalmente la natura animale dell'essere umano, molto distante dall'ideale artistico greco.

Dagli Etruschi ci sono giunte interessanti sculture di madri con i figli: ci riconducono all'immagine della *kourotròphos* "colei che nutre il bambino".

Arricchisce il pantheon etrusco una famiglia di spiriti alati femminili, simili agli angeli.

Si tratta delle LASE, spiriti che guidano gli uomini, indirizzandone l'agire. Sono riconducibili all'essenza degli antenati e sono tuttora rintracciabili, sotto la forma di streghe, fate e figure simili, in feste popolari dalle antichissime origini.

La famiglia delle Lase era piuttosto numerosa e comprendeva, giusto per citare qualche nome: Vecu, Muntucha, Alpena, Losna, Mean, Zipna, Vanth.

Quest'ultima è spesso rappresentata come una giovane dea alata che accompagna le anime nel difficile passaggio nel mondo dell'oltre.

VANTH compare in affreschi e pitture vascolari, ma resta una figura assai misteriosa: l'unico dato certo è questo suo ruolo di "accompagnatrice di anime".

Per i Greci e per i Romani questo compito spettava a Hermes *"psychopompòs"* (accompagnatore di anime), ovvero a Mercurio.

A questo proposito è da osservare che fiumi, mari, sorgenti, laghi apparivano agli antichi come luoghi privilegiati di passaggio per l'aldilà.
L'attraversamento di fiumi sotterranei come lo Stige, l'Acheronte ed il Lete ricorre infatti nelle mitiche "discese agli inferi".

Anche le SIRENE, in origine creature alate, poi acquatiche, che appartenevano alla famiglia delle Ninfe, ricordano le Lase. Associate alle acque e all'aldilà, in Etruria sono raffigurate a doppia coda, come in particolare testimoniano i siti di Sovana e Chiusi.
Sono l'espressione di una potenza multiforme, che associa alla natura acquatica una natura aerea, spirituale e sottile, in bilico tra il nostro e l'altro mondo: ne sono rivelazione le ali sulla schiena, che ce

le lasciano immaginare come temibili uccelli. Esse appartengono all'invisibile mondo delle anime.

Osservando le antefisse dei templi etruschi, ovvero gli elementi decorativi posti sulla testata delle travi o delle tegole, notiamo come esse si presentino prevalentemente come grandi maschere di terracotta dipinta a colori vivaci: sono i volti delle menadi.

Le MENADI erano le donne che seguivano il corteo di Dioniso in preda al "furore orgiastico": esse, invasate, si abbandonavano a danze scomposte, con i capelli scarmigliati e incoronati di pampini e di edera.

L'aspetto di queste antefisse è marcatamente femminile e giovane, con tratti realistici, molto marcati, occhi all'orientale, il capo aureolato da un grande e prezioso diadema a forma di foglie di palma, che evoca la conchiglia, con le tipiche scanalature a ventaglio.

Questi antichissimi simboli sono attributi della Grande Dea nel suo aspetto marino: Afrodite nasce da una conchiglia, l'immagine della palma è associata al mare.

La dea amazzone Marina, venerata a Lemno e a Smirne quale dea del mare, è forse una delle progenitrici delle menadi etrusche effigiate sulle antefisse.

È forte il richiamo ad antichi culti, a miti intrecciati con la storia, alle migrazioni e alla cultura di quei "popoli del mare", i Pelasgi che concorsero alla formazione del popolo etrusco.

Nel mondo etrusco non manca la celebre figura della SIBILLA, legata alle virtù profetiche, agli oracoli.
Resta famosa tra le altre, in ambito greco-romano, la Sibilla Cumana, il cui antro sacro era situato a Cuma, dove un collegio di sacerdotesse perpetuava l'antico culto della Madre Terra attraverso i responsi oracolari, i tradizionali riti, le cure e le guarigioni, tramandando la conoscenza delle erbe e dei poteri della Natura.
Altra mitica sede di Sibilla è rintracciabile in Umbria, sulla vetta del monte Sibilla, alto 2173 metri.

I Libri Sibillini, il più sacro dei testi oracolari, erano custoditi a Roma dai pontefici e venivano consultati in caso di grave necessità o di pericolo.

Un'affascinante ipotesi riconduce il nome di Sibilla a Cibele, l'antica Dea Madre anatolica.

Secondo il grande studioso Raymond Bloch, i Libri Sibillini potrebbero essere riferiti o collegati agli antichissimi Libri Vegoici, scritti dalla Sibilla etrusca Vecu, giunti poi a Roma in un'epoca in cui gli scritti etruschi circolavano e riscuotevano grande rispetto nel mondo italico.

La stirpe di Dardano: legàmi con Atlantide?

Sibille, menadi, ninfe: queste figure femminili vivono eterne, trasposte sul piano del mito, con caratteristiche e tratti leggendari, fantastici ed enigmatici.

La mitologia greca suggerisce una misteriosa origine di alcune dee e ninfe marine, collegandole alla leggenda di Atlantide, l'isola scomparsa di cui parla Platone, sommersa durante un remoto cataclisma.

Tra le ninfe del mare legate alla genealogia atlantidea, è interessante prendere in considerazione Elettra e Kabeira. Esse hanno infatti uno stretto legame con la religione dei misteri di Cibele, celebrati a Lemno, Samotracia e in Asia Minore.

Kaberia avrebbe lasciato il suo nome ai sacerdoti di Cibele, i Cabri.

Elettra, avrebbe rivelato i misteri al mitico re DARDANO, capostipite dei Troiani, dalla cui stirpe sarebbe disceso TIRRENO, il re lidio che avrebbe guidato la grande migrazione tirrenica dall'Asia Minore all'Etruria, anticamente chiamata Tirrenide.

Le origini della civiltà tirrenico-etrusca potrebbero dunque riallacciarsi ai più remoti tempi di fondazione delle primissime civiltà mediterranee.

Il lituo e l'augurium

Il termine latino *templum* deriva dal greco *témenos*, recinto consacrato e orientato secondo l'antica sapienza: alla radice etimologica troviamo una radice indoeuropea "*temlo*" che darà origine al verbo greco *témno*, che vuol dire "taglio, tagliare",
È dunque uno spazio delimitato, non un edificio.
Uno spazio nel quale vivere la dimensione sacra e spirituale, in connessione con la volontà divina.
Uno spazio scelto e orientato attraverso una complessa operazione rituale, che iniziava con l'osservazione del cielo e del volo degli uccelli, traendo l'*auspicium* (*aves spicio*, "osservo gli uccelli") su un determinato luogo.
Lo spazio celeste, area dell'*auspicium*, veniva poi ritualmente delimitato, tracciando un immaginario perimetro, il *témenos*, che, proiettandosi sulla terra come su uno specchio, rendeva sacro il corrispondente spazio terreno, rendendolo un *templum*.

Lo spazio sacro celeste veniva delimitato dal sacerdote con il lituo, un bastone dritto e senza nodi, dall'estremità superiore arcuata.

Stretto è il legame tra il lituo e il pastorale, o vincastro, recato ancor oggi dai vescovi cristiani, secondo la figura evangelica del Buon Pastore.

L'origine di questo strumento simbolico va ricercata nel bastone dei pastori, in uso fin dalle prime civiltà: l'estremità arcuata permetteva loro di afferrare gli animali per il collo senza ferirli.

L'altra estremità era appuntita per spronare il bestiame. Il bastone doveva essere dritto e privo di nodi, per condurre agilmente il gregge.

Il suo potente valore simbolico è rintracciabile già nelle rappresentazioni dei faraoni egizi, che lo reggono in mano insieme ad altri attributi.

Nel mondo etrusco e poi nel mondo romano il lituo era dunque uno strumento sacro e simbolico usato da sacerdoti che a Roma erano detti *àugures*, per compiere il rito della fondazione, dell'inizio, con tutti i migliori presupposti.

Il rito era l'*augurium* (dal latino *àugeo*, accresco e dunque, prospero). Un rito che è all'origine dei nostri augùri e del nostro "inaugurare".

L'Ars Aruspicina

Conoscere il volere degli Dei e interpretare i segni richiedeva una sapienza "sferica", una sapienza dell'alto e del basso: all'osservazione del cielo si connetteva anche un'altra disciplina, legata all'osservazione e all'analisi delle viscere degli animali sacrificati sugli altari.

L'Ars Aruspicina conservava in dettaglio i passaggi del rito sacrificale e della fase interpretativa e divinatoria che avveniva studiando le interiora appena estratte e particolarmente il fegato.

Il sacerdote esperto nella disciplina era chiamato *haruspex* dai Romani, *netsvis* dagli Etruschi. Talvolta in latino i termini augure ed aruspice appaiono intercambiabili.

Il fegato era considerato la sede della vita, forse perché si presenta come l'organo più voluminoso e più ricco di sangue del corpo. La qualità del fegato dell'animale sacrificato rispecchiava, nella visione etrusca, l'atteggiamento degli dei nei confronti del consultante, fornendo elementi profetici riguardo a imprese, decisioni, scelte, scenari della vita.

Uno specchio inciso proveniente da Tuscania testimonia proprio lo svolgimento del rituale.

La superficie del fegato appariva agli Etruschi anche come uno specchio del cielo, una sorta di microcosmo e la sua lettura richiedeva una estrema precisione.

Era fondamentale orientare correttamente il fegato rispetto al cielo e individuare con esattezza ogni irregolarità presentata dall'organo in esame.

Abbiamo già accennato al Fegato di Piacenza, scultura in bronzo del fegato di un ovino, reperto importante riguardo alla conoscenza della lingua e dell'alfabeto etrusco. Ebbene, la sua superficie appare divisa in numerosi comparti, ognuno dei quali, come il cielo stesso, è abitato da un dio del quale reca inciso il nome.

La pratica di esaminare le interiora degli animali sacrificati sembra essere di origine babilonese. Lo testimoniano modelli di fegato provenienti dalla regione mesopotamica, risalenti all'inizio del secondo millennio a.C. e recanti iscrizioni relative all'interpretazione delle deformazioni dell'organo, Conosciamo inoltre un polmone ovino di terracotta con iscrizioni che è stato scoperto a Nimrud, in Assiria.

Con gli Etruschi arriva sino a noi l'idea che nel microcosmo di un organo interno si possa rispecchiare perfettamente il macrocosmo rappresentato dal cielo.
È molto interessante, in questo senso, il collegamento con il concetto di sincronicità formulato da Jung.

Carl Gustav Jung, il grande psicoanalista svizzero della prima metà del '900, attraverso i suoi studi e le sue osservazioni afferma che "lo strano principio della sincronicità, agisce nel mondo quando certe cose si producono in un modo più o meno simultaneo, comportandosi come se fossero la stessa cosa, pur non essendo tali dal nostro punto di vista".

Le sue intuizioni, in verità, sono in grado di muovere un vortice di considerazioni, svelandoci la profonda sapienza di antiche civiltà, la loro connessione alla legge cosmica non tanto e non solo per prevedere il futuro, quanto per mantenere vivo e costante il contatto diretto con la sfera divina.

Secondo questa visione, il ciclo della vita umana appare inserito entro un più ampio e preciso disegno divino nel quale ordine e legge cosmica danno significato all'esistenza dell'uomo e alla sua evoluzione. In essa esistono dei principi primi archetipici, ossia degli elementi primi di cui è composta la realtà in tutte le sue manifestazioni.

Questi principi primi, originari, attraversano verticalmente tutti i piani delle forme di manifestazione facendo sorgere così delle catene analogiche i cui singoli elementi appartengono a piani diversi ma rappresentano tutti un principio comune.

Con l'aiuto dell'analogia è possibile dunque trasferire su ogni altro piano l'osservazione di un qualunque piano: l'osservazione del cielo o l'osservazione del fegato di una vittima sacrificale alle vicende umane.

Non è che esistano rapporti causali fra i diversi piani della realtà, piuttosto la pratica divinatoria costituisce un metodo e uno strumento di misurazione della realtà senza per questo produrla così come, al giorno d'oggi, un termometro misura la temperatura senza per questo produrla.

Comprendere la dimensione religiosa tradizionale significa anche cogliere il senso del Tempo uscendo dalla logica della misurazione, della quantità, della lunghezza ed entrando piuttosto nella percezione della sua qualità.
Secondo la visione antica, ogni punto, ogni sezione del tempo appare possedere una sua determinata qualità, nella quale possono emergere solo fenomeni in armonia con quella qualità.

Cercare il giusto tempo per l'inizio di ogni impresa, ad esempio, è propizio allo sviluppo dell'impresa stessa secondo la qualità del tempo in cui essa è iniziata e che deve manifestare con essa una sorta di corrispondenza.

La stessa parola "oroscopo" è composta dai due termini greci *hora* e *skopein* e significa letteralmente "guardare nell'ora".

Ogni osservazione divinatoria legge l'"istantanea" del cielo o delle interiora di un animale o di ogni altro elemento significativo per ricavarne corrispondenze e analogie su altri piani e accedere, in sincronicità, all'interpretazione profetica.

Nella Legge universale delle sincronicità l'uomo appare possedere un'orbita, al pari di un pianeta.

Vivere in perfetto accordo ed equilibrio col Cosmo, navigando nella propria naturale traiettoria, percorrendo le vie della propria vocazione, richiede all'uomo una profonda consapevolezza.

La sua conoscenza del bene e del male lo espone infatti alla scelta, di fronte a continui bivi.

Sbagliare strada genera attrito nei confronti della naturale via orbitale di ciascuno.

E genera dolore. Tanto dolore.

Sì, il dolore è semplicemente l'attrito che si genera tra l'Uomo e la Legge universale, quando si perde la sintonia.

Il predominio dell'Ego può generare una vera schiavitù legata a desideri completamente staccati dal proprio percorso vocazionale: "Io lo voglio, quindi lo faccio" non è sempre segno di intima e profonda libertà dell'Essere.

Ritrovando la primigenia sintonia, gli attriti cessano.

L'antica visione che oggi ci parla e ci può illuminare, sembra invitare a un'attitudine di fiducia nella propria intima percezione. Di resa, potremmo dire, e di abbandono al ciclo orbitale che ci guida alla riconquista della nostra originaria libertà.

I popoli contemporanei consideravano gli Etruschi particolarmente vocati all'arte divinatoria e ne avevano un profondo rispetto.

Il mondo etrusco ruotava intorno a una religione rivelata strettamente connessa alla figura di TAGES, il personaggio mitico che l'aveva insegnata agli Etruschi e intorno al quale conviene svolgere qualche ulteriore considerazione.

In effetti, il mito di Tages è l'unico a essere giunto fino a noi dai tempi remoti in cui i miti etruschi fiorivano ed erano densi di fama, prima che si perdessero per sempre nell'oblio.
Nelle profondità di questo racconto si possono rintracciare molte risposte alle nostre domande sulla nascita della religione e della civiltà etrusca in Italia.

Narra la tradizione che Tarkun, il tradizionale eroe fondatore di Tarquinia, quindi eroe eponimo, tracciava un giorno un solco con l'aratro. Come per un prodigio dal solco emerse Tages, un genio della terra apparso in sembianza di magico bambino che si esprimeva rivelando la sapienza propria di un anziano. Accorsero allora i sacerdoti etruschi, i quali trascrissero le sue sacre parole, che andarono a costituire i Libri Tagetici o Acherontici. Scritti ormai perduti.

Tages si presenta dunque come una divinità, un essere straordinario, insieme giovane e vecchio, che coniuga la purezza del bambino con l'esperienza dell'anziano. Egli esprime il mistero della congiunzione degli opposti, ispirando l'idea vocazionale che dà senso all'essere umano: uscire dall'oscurità terrena ed elevarsi. Bilanciare le proprie luci e le proprie ombre, le proprie parti razionali e istintive. Proteggere e alimentare la pura forza infantile e primigenia, dando voce nello stesso tempo al flusso eterno della Sapienza.

Nel luogo del prodigio appena narrato avvenne la fondazione dell'antico tempio di Tarchna, la città di Tarkun, la Tarquinia etrusca. Oggi lo chiamiamo Ara della Regina, il cui basamento è ancora rintracciabile sulla collina alle spalle della Tarquinia medievale e moderna.

L'Aldilà

La religiosità degli Etruschi è molto connotata dalla concezione e dal rapporto con la morte e con la vita dopo la morte.

Entrare in una tomba etrusca a camera può farci percepire una affettuosa premura da parte dei vivi nei confronti del defunto, cullato e accompagnato nel suo viaggio verso l'aldilà in modo suadente, profondamente suggestivo.

Le decorazioni e i corredi funebri ricordano la medesima premura presente nel mondo egizio.

Gli affreschi di Tarquinia, in particolare, traboccano di amore per la vita e di commossa sacralità.

Luogo, condizione sociale, epoca storica segnano molte differenze tra le modalità di sepoltura etrusche. Resta però sempre percepibile l'idea della morte come un viaggio.

Il momento in cui il corpo o le ceneri di un defunto vengono deposti nella tomba non sembra rappresentare la sua fine: anche se la tomba appare concepita come una casa in grado di ospitare il morto con ogni comodità, compresa una provvista di oggetti metallici e di vasellame, l'immaginario etrusco prospetta piuttosto l'idea di una partenza del defunto.

Il primo passo per raggiungere la meta è l'oltrepassare una porta, spesso rappresentata nelle decorazioni.
Oltre la porta iniziava probabilmente il viaggio, spesso illustrato dalle decorazioni con creature marine: un viaggio in mare pieno di richiami simbolici alle acque e alla loro valenza.

Gli affreschi etruschi vengono eseguiti su uno strato di intonaco ancora fresco in modo che il colore possa penetrare nello strato umido per fissarsi in profondità.

Il colore rosso è molto presente e particolarmente amato.

I colori più usati sono inoltre il bianco, derivante dalla calce, il nero che deriva dal carbone vegetale, il blu che deriva dai lapislazzuli, il giallo di ocra.

Si aggiungono poi anche il verde, il viola, il grigio e il rosa.

Gli affreschi etruschi sono presenti già dall'età orientalizzante cioè dal VII sec. a.C. e poi proseguono in età arcaica, classica ed ellenistica.

Pur nel susseguirsi di differenze di stile, emerge sempre una continuità dal VII al I sec. a.C. su simboli, temi e contenuti che ruotano sulla credenza in un'altra vita.

Le immagini dell'oltretomba attingono dal repertorio figurativo del mondo greco: Ade e Persefone regnano nell'Aldilà, circondati da vari dèmoni, tra cui emerge la figura di Charun o Charu, da assimilare a Caronte.

Compaiono anche altri demoni minacciosi e a noi spesso ignoti.

Il più orribile di essi è Tuchulcha, il cui nome compare sulle pareti della tomba dell'Orco a Tarquinia, dove è rappresentato mentre fronteggia l'eroe greco Teseo.

Tali immagini componevano una vera e propria corrente sotterranea di credenze popolari riguardanti la vita dopo la morte, presenti in tutta l'area del Mediterraneo antico e che si diffusero a partire dalla Mesopotamia.

Le immagini sepolcrali etrusche sono spesso ispirate alla bellezza della vita. Cosa vogliono evocare?

Una vita vissuta, che non c'è più.

Oppure una promessa di vita ultraterrena, la rassicurante visione di un futuro lieto che attende il defunto.

O ancora, come avveniva nell'arte funeraria egizia, una energia magica in grado di suscitare la rinascita dell'anima del defunto.

Nessuna di queste interpretazioni esclude le altre.

Sicuramente è opportuno osservare le immagini etrusche non applicando i nostri criteri estetici e interpretativi.

Noi viviamo in un mondo di immagini e riproduzioni visive di ogni tipo, milioni di rappresentazioni senza originalità.

Nel mondo antico, invece, le immagini erano limitate e le rare riproduzioni riguardavano soprattutto gli oggetti sacri, legati al culto, che venivano comunque realizzati artigianalmente, usando delle matrici.

Le immagini riproducevano la Natura e recavano in sé un potere fatto di sacralità e mistero.

La loro riproduzione conservava un potenziale di magia visiva e toccava nel profondo la sensibilità dell'uomo etrusco che percepiva una scena pittorica.

Pensando agli affreschi delle tombe di Tarquinia, comprendiamo come le immagini siano portatrici di un preciso simbolismo, non sempre chiaro per noi.

Rifacendoci a quanto conosciamo dalla tradizione greca e romana, sappiamo che la pantera allude a Dioniso, che gli Etruschi chiamavano Fuflun.

Il leone richiama Apollo, Aplu per gli Etruschi, mentre il cervo si riferisce a Diana, la dea etrusca Thana.

Non siamo certo di fronte a uno sfoggio di erudizione di artisti etruschi affascinati dal pantheon greco: andiamo oltre questi giudizi tipici della nostra modernità e abbastanza limitati.

Nella visione antica, i colori e le immagini appaiono come semi, come doni addormentati nel grembo oscuro della Madre Terra e fecondati grazie al suo potere creativo, coniugato con la Luce.

Rappresentano la luminosa solarità maschile e l'oscurità femminile che si uniscono.

Nel buio della tomba, i colori portano luce, ricomponendo magicamente i due opposti complementari.

Si attiva una speciale energia nello spazio sepolcrale, con l'intento di aprire un varco attraverso il quale l'anima del defunto può intraprendere il suo viaggio verso l'altro mondo.

L'osservanza dei riti funebri potrebbe dunque avere anche una valenza di introduzione e aiuto in funzione di questo passaggio, mantenendo una corretta connessione con il mondo degli Dei inferi e degli Antenati, figure chiamate Lasa dagli Etruschi.

Connessioni tra Civiltà

La visione duale che coniuga l'oscurità con la luce risale probabilmente al paleolitico.

Il principio di contrapposizione si riconosceva come la base di ogni fenomeno: maschile e femminile, luce e tenebre, cielo e terra.

Nelle tombe etrusche dipinte, spesso compare sui soffitti una decorazione a scacchiera che riporta simbolicamente proprio all'alternarsi di giorno e notte, di veglia e sonno, di luce e buio.

La visione duale e dunque la fecondità che nasce da questo gioco danzante, fatto di alternanza, costituisce un elemento ricorrente tra civiltà antiche apparentemente distanti tra loro e ne testimonia la connessione.

L'Egitto fece sicuramente giungere il suo influsso attraverso i contatti stabiliti sul Mediterraneo dai Fenici, tramite la sponda cipriota e sarda, l'instancabile navigazione dalle coste lidie, anatoliche ed egee a quelle tirreniche.

La religione degli Hittiti, popolo che, nel secondo millennio a.C., occupava la parte centrale dell'odierna Turchia, presenta molti aspetti comuni a quella etrusca, in particolare in relazione alle arti divinatorie come l'aruspicina e l'arte fulgurale.

L'arte rupestre hittita ha lasciato grandiose decorazioni scolpite nella roccia, che richiamano le opere scolpite nel tufo dell'Etruria rupestre.

Nel rito hittita il defunto appare come un ospite: i resti del suo corpo, dopo il rogo rituale, venivano deposti davanti a un trono per permettere al defunto di partecipare al banchetto funebre, assaggiando le bevande che i partecipanti gli offrivano.

È affascinante pensare all'ipotesi di una primordiale scienza sacra, divenuta poi dottrina tradizionale e codificata.

Grandi civiltà come quella egizia e quella cretese avrebbero favorito il passaggio del testimone a civiltà più giovani, tra le quali quella etrusca costituisce per noi il "ripetitore" più vicino.

Del resto nei ritrovamenti avvenuti a Creta il colore preferito per gli affreschi delle regge minoiche era il rosso scuro. Anche il colore principale nella pittura etrusca è un tipo di rosso molto simile a quello di Creta.

Proprio gli Etruschi, insediatisi nel sito di Pompei prima che vi arrivassero i Romani, vi portarono quello che divenne il celebre rosso pompeiano.

2.f Il sentimento religioso. Sintesi

Il pantheon etrusco presenta notevoli anticipazioni sulle divinità romane.

La mitologia greca suggerisce una misteriosa origine di alcune dee e ninfe marine, collegandole alla leggenda di Atlantide, l'isola scomparsa di cui parla Platone, sommersa durante un remoto cataclisma. Le origini della civiltà tirrenico-etrusca potrebbero dunque riallacciarsi ai più remoti tempi di fondazione delle primissime civiltà mediterranee.

Il tempio, come concetto, è uno "spazio delimitato", non un edificio.

L'augurium (dal latino àugeo, accresco) è un rito che è all'origine delle nostre espressioni "augùri" e "inaugurare".

Con gli Etruschi e la loro disciplina divinatoria arriva sino a noi l'idea che nel microcosmo di un organo interno del corpo si possa rispecchiare perfettamente il macrocosmo rappresentato dal cielo.

Con l'aiuto dell'analogia è possibile trasferire l'osservazione di un qualunque piano su ogni altro piano: l'osservazione del cielo o l'osservazione del fegato di una vittima sacrificale alle vicende umane.

Secondo la visione antica, inoltre, ogni punto, ogni sezione del tempo appare possedere una sua determinata qualità, nella quale possono emergere solo fenomeni in armonia con quella qualità. Cercare il giusto tempo per l'inizio di ogni impresa, ad esempio, è propizio allo sviluppo dell'impresa stessa secondo la qualità del tempo in cui essa è iniziata che deve manifestare con essa una sorta di corrispondenza.

Ogni osservazione divinatoria legge l'"istantanea" del cielo o delle interiora di un animale o di ogni altro elemento significativo per ricavarne corrispondenze e analogie su altri piani e accedere, in sincronicità, all'interpretazione profetica.

Il dolore può considerarsi l'attrito tra l'Uomo e la Legge universale che si produce quando si perde la sintonia.

Il mondo etrusco ruotava intorno a una religione rivelata strettamente connessa alla figura di TAGES, il personaggio mitico che l'aveva insegnata agli Etruschi e che era una divinità, un essere straordinario, insieme giovane e vecchio, che coniugava dunque la purezza del bambino con l'esperienza dell'anziano come ad additarci che bisogna bilanciare i propri opposti. Nel luogo della prodigiosa apparizione di TAGES avvenne la fondazione dell'antico tempio di Tarchna, la città di Tarkun, la Tarquinia etrusca.

Ad abitare il nostro immaginario sono principalmente le necropoli etrusche e in particolare le tombe dipinte di Tarquinia fortemente significative del rapporto che gli Etruschi avevano con la morte. L'idea della morte degli Etruschi assimilava questa ad un viaggio.

Gli affreschi funerari etruschi, analogamente a tutti gli affreschi che conosciamo, vengono eseguiti su uno strato di intonaco ancora fresco che ne doveva assorbire e conservare il colore. È possibile rilevare una continuità dal VII al I sec. a.C. sui simboli, i temi e i contenuti che ruotano sulla credenza in un'altra vita.

Una buona prospettiva per osservare le immagini etrusche è quella di non applicare i nostri criteri estetici e interpretativi. Nella visione antica, i colori e le immagini appaiono come semi, come doni addormentati nel grembo oscuro della Madre Terra che vengono fecondati grazie al potere creativo di quest'ultima, coniugato con la Luce.

Nelle tombe etrusche dipinte, spesso compare sui soffitti una decorazione a scacchiera che riporta simbolicamente proprio all'alternarsi di giorno e notte, di veglia e sonno, di luce e buio. La visione duale e dunque la fecondità che nasce da questo gioco danzante, fatto di alternanza, costituisce un elemento ricorrente tra civiltà antiche apparentemente distanti tra loro e ne testimonia la connessione.

3. La ricchezza di un'eredità immateriale

Il mondo etrusco ci lascia una ricca eredità immateriale, in grado davvero di decristallizzare e rendere attivi per noi i suoi simboli, le sue tradizioni, gli usi, il linguaggio, per rendere viva e attuale una visione del mondo solo apparentemente distante.

La lettura in questi termini delle immagini simboliche etrusche e in particolare dei simboli presenti nelle pitture di Tarquinia le trasforma da mere nature morte in elementi parlanti e in suggestioni da rendere attive nella nostra vita di tutti i giorni.

Ricordiamo ancora una volta il dualismo che caratterizza la espressività etrusca: lo possiamo ricollegare alla potenza duale dei geroglifici, che permetteva ai sacerdoti egizi di indirizzare contemporaneamente un messaggio sia al popolo sia agli iniziati.

Allo stesso modo, nelle loro rappresentazioni, gli Etruschi evocano una comprensione per mezzo di meccanismi di rivelazione e di visualizzazione, spezzando i vincoli materiali che limitano l'intelligenza umana e permettendo all'uomo di intuire e raggiungere stati di consapevolezza superiori.

Come gli Egizi, così gli Etruschi non concepivano la religione come una forma di zoolatria, cioè di adorazione di animali. Negli animali si riconosceva, piuttosto, l'incarnazione di certi principi.

Per intendere la potenzialità evocativa che ancora oggi si propaga da queste antiche civiltà, pensiamo alla nostra espressione "essere libero come un uccello".
Tutti colgono il senso profondo di questa espressione.
Ebbene, in Egitto l'uccello simboleggiava il principio del volo e quindi dello spirito.

Il vero tesoro perduto

Sulla religiosità e sulla scienza sacra che gli Etruschi possedevano possiamo dire senza il rischio di esagerare che esse costituiscano il loro vero tesoro perduto.

Si trattava di una profonda visione cosmologica che includeva astrologia, magia, divinazione e altre dottrine le quali non si basavano su concezioni primitive.

Al centro della loro spiritualità c'era una completa e complessa visione del ciclo vita, morte e rinascita.

Probabilmente la civiltà etrusca fu l'ultima erede dell'antico mondo mediterraneo, l'ultima a trasmettere l'eredità dell'età del bronzo che si fondava sul culto della grande dea e cioè la madre terra intesa nel suo corpo costituito da fiumi, ipogei consacrati, pietre sacre e megaliti, sorgenti e montagne sacre venerate nel loro aspetto ultraterreno e divino.

Per intendere l'eredità di questo tesoro possiamo considerare alcuni significati nascosti nelle parole etrusche.

Il nome Menerva, la Romana Minerva, deriva dall'anatolico Man o anche Mene, che ha a che fare con il ciclo lunare o mensile. Molte sono le nostre parole che derivano ancora da questa espressione: mese, che in latino si dice mensis; mestruo; imene; menisco, che ha la forma di una lunetta; mente; minerale.

Si aggiungono anche espressioni celtiche come *menhir* e *dolmen* e la parola inglese *moon* che indica appunto la luna.

Come controparte solare di Minerva vi era un'altra divinità che era simbolo invece della luce creatrice e distruttrice dei suoi fulmini.

Secondo un'antica visione, quando cadeva un fulmine, la terra veniva fecondata da esso che penetrava nel suolo e la inseminava.

Il Dio solare o del fulmine che esprimeva tutto questo si chiamava Tinia e la sua radice etimologica lo accomuna con *deus* e con termini come *dies,* giorno in latino, e parole moderne come *day* in inglese, come *dite* in albanese che indicano tutte il giorno.

È interessante rilevare come un'altra eredità etrusca si possa rinvenire nella suddivisione di alcuni territori, ancora oggi riconoscibile.

Dobbiamo risalire a tal proposito alla centuriazione, che conosciamo come pratica romana di suddivisione e organizzazione del territorio.

Due autori latini, Varrone e Frontino, rintracciano le origini della centuriazione nella disciplina etrusca e nei complessi rituali religiosi messi a punto.

Per la realizzazione di un impianto urbano e di una suddivisione territoriale, i sacerdoti etruschi delimitavano e lavoravano sullo spazio terrestre sulla base dell'ordine celeste, seguendo l'orientamento del sole e della luna per tracciare la divisione principale che correva da Est a Ovest a cui seguiva una seconda ripartizione in senso Nord/Sud.

Tale impianto, realizzato su base astronomica, si rileva anche all'origine di alcune centuriazioni romane particolarmente antiche.

È significativo il caso della centuriazione riminese, in cui la parte più arcaica segue un orientamento *secundum coelum* e si contrappone all'orientamento *secundum naturam*, che si adatta alle condizioni naturali del territorio.

L'orientamento più antico della centuriazione riminese è una importante testimonianza di un orientamento *secundum coelum*, resa evidente dal fatto che diverge in maniera sostanziale dall'asse rappresentato dalla Via Aemilia.

Tale divisione territoriale sarebbe infatti relativa alla deduzione della colonia latina di Ariminum, nel 268 a,C., risalente ad un'epoca precedente alla realizzazione della Via Aemilia, del 187 a.C., che in seguito rappresentò il principale riferimento per il tracciamento della centuriazione emiliana nelle epoche successive.

3. La ricchezza di un'eredità immateriale. Sintesi

I simboli presenti nelle pitture di Tarquinia le trasforma da mere nature morte in elementi parlanti e in suggestioni da poter rendere attive nella nostra vita di tutti i giorni.

Gli Etruschi riconoscevano negli animali l'incarnazione di alcuni principi, per dir così, universali.

La religiosità e la scienza sacra che gli Etruschi possedevano costituiscono il loro vero tesoro perduto.

La civiltà etrusca fu l'ultima erede dell'antico mondo mediterraneo, l'ultima a trasmettere l'eredità dell'età del bronzo che si fondava sul culto della grande dea e cioè la madre terra intesa come un corpo costituito da fiumi, ipogei consacrati, pietre sacre e megaliti, sorgenti e montagne sacre venerate nel loro aspetto ultraterreno e divino.

4. Tarquinia, una città simbolo

Tarquinia rappresenta una città simbolo della civiltà etrusca perché il ruolo rivestito nella storia di questo popolo, unito alla testimonianza delle tombe dipinte della sua necropoli costituiscono un unicum al mondo.

Ma anche la Tarquinia medievale è una delle città più interessanti del Lazio, costellata com'è da numerose chiese, palazzi e case medievali che spesso mostrano influssi bizantini e normanno – siculi. Inoltre è caratterizzata da 18 torri che sussistono tutt'ora intatte o di poco abbassate e di altre 20 torri di cui rimangono le basi.

È ancora oggi circondata da alte mura difensive la cui cinta si prolunga per più di 3 chilometri.

Ha un carattere molto pittoresco e le sue case sono costruite, come le mura, con blocchi di calcare e di nenfro, cioè di tufo vulcanico.

Tarquinia merita una visita, perciò, sia per le testimonianze etrusche della sua necropoli, che per luoghi come il Palazzo Vitelleschi, che ospita il Museo Etrusco Tarquiniese, come la chiesa di Santa Maria in

Castello, come il Duomo e come il Palazzo Comunale e il Palazzo Dei Priori.

In particolare, Santa Maria in Castello è ancora racchiusa da mura medievali e, oltre l'arco della porta, presenta una torre medievale che precede un'interessante facciata tripartita. La chiesa ha un suggestivo interno con bellissimi capitelli e un pavimento a mosaico, nonché un fonte battesimale di grande pregio che risale al 1209.

Ripercorrendo la storia della città, quando essa era l'etrusca Tarchuna o Tarchna, sorgeva su un altro pianoro, chiamato oggi "Piano della Civita", sopra la valle del fiume Marta, che dista 10 chilometri circa dal mare, in posizione arretrata rispetto al colle dove si trova l'attuale Tarquinia (a 4 chilometri dal Tirreno), presso la quale si trova invece la necropoli.

Il luogo era a forma di sperone ed era difeso su tre lati da ripidi precipizi. La sua posizione era quindi molto favorevole dal punto di vista strategico, ma lo era anche dal punto di vista commerciale, per la sua vicinanza al mare.

Secondo la tradizione venne fondata da Tarconte, eroe eponimo, fratello o figlio di Tirreno, nel secolo XIII o XII a.C.

Le prime testimonianze archeologiche tuttavia non risalgono oltre il IX secolo a.C. e sono fornite dalle necropoli di epoca villanoviana con tombe a fossa.

Successivamente, all'inizio del VII secolo a.C., ad esse si sostituiscono le necropoli con tombe a camera.

Questo periodo dovette rappresentare una fase molto florida dal punto di vista economico e notevole fu la potenza politica di Tarquinia, data la traccia storica del dominio su Roma da parte dei re Tarquinii: Lucio Tarquinio, il re Tarquinio Prisco, al suo arrivo a Roma ricevette le insegne regali. Seguirono i re Servio Tullio e Sesto Tarquinio, ricordato come Tarquinio il Superbo.

Non si sa e non si può precisare se si trattò di una conquista militare o solo di una influenza politica, economica e culturale; comunque questo periodo testimonia una posizione di preminenza di Tarquinia nell'Etruria marittima e nel Lazio.

La cacciata dei Tarquini da Roma (509 a.C.) e poi il declino del dominio etrusco nella Campania dopo la battaglia navale di Cuma (474 a.C.) segnano la decadenza politica ed economica di Tarquinia.

Hanno inizio nello stesso periodo una serie di guerre con Roma che, distrutta Veio, si allarga verso nord.

Si combattono una guerra fra il 394 e il 388 a.C. e un'altra tra il 358 e il 351 a.C. seguita da una pace di 40 anni.

Nel 311 a.C. però la lotta si riaccende e termina, poco più tardi, con la vittoria romana.

Da allora la storia di Tarquinia si svolge all'ombra di Roma. Essa diventa città federata, subisce l'influsso ellenistico e nei secoli successivi i legami culturali e politici con Roma si fanno sempre più stretti tanto che, in una porzione del territorio di Tarquinia presso il mare, Roma fonda la colonia di Gravisca.

La città nel 90 a.C. infine riceve il diritto di cittadinanza romana e diventa municipio.

Dal IV sec. d.C. Tarquinia diventa sede vescovile, subisce le invasioni barbariche e cessa di esistere nella collocazione originaria: parte della popolazione si trasferisce sul colle vicino, in direzione del mare e darà vita a Corneto.

Questo è il nome antico di quella che sarà la nuova Tarquinia, favorita da una ancora maggiore vicinanza al mare e dalla presenza del fiume Marta che all'epoca era navigabile.

Il nuovo centro, che si dota di mura fra il IX e il X secolo, sviluppa un commercio marittimo di un certo rilievo, si allea con Pisa, ha relazioni con Genova, Firenze e Venezia e si erige a un certo punto a libero Comune.

Resiste lungamente e vittoriosamente agli assedi di Federico II nel 1245 e dei Romani nel 1283.

Nel trecento e nel quattrocento Tarquinia viene occupata, dopo lunga resistenza, dalle truppe del Cardinale Albornoz e da Giordano Orsini; viene depredata dei Bretoni, presa dalla Chiesa, poi da Francesco Sforza; successivamente respinge Nicola Orsini, Conte di Pitigliano per passare poi, nel '500, definitivamente alla Chiesa.

Alla fine del '700 subisce l'occupazione dei Francesi che respingono gli insorti Toscani e Romani. Viene anche tenuta per poco tempo dagli Inglesi e poi ritorna alla Chiesa. Passa a Napoleone e dal 1815 al 1870 ancora allo Stato Pontificio mentre, nel 1870 passa al Regno d'Italia.

Nel 1872 la città assume il nome di Corneto Tarquinia e, nel 1922, quello attuale di Tarquinia. È sede vescovile unita a quella di Civitavecchia. Vi nacquero il cardinale Giovanni Vitelleschi, il cardinale Adriano Castelleschi e il poeta e scrittore Vincenzo Cardarelli.

Le testimonianze etrusche

In questa sintesi dedicata a Tarquinia vogliamo focalizzarci soprattutto sulla testimonianza che la città ci fornisce della civiltà etrusca.

Il già menzionato museo, collocato nel Palazzo Vitelleschi, edificio gotico-rinascimentale edificato nel '400 per volere del cardinale Giovanni Vitelleschi, contiene testimonianze che vanno dall'epoca villanoviana, alla fase orientalizzante dell'arte etrusca, alla fase arcaica, a quella classica e a quella ellenistica.

In particolare, il museo contiene una notevole collezione di sarcofagi, tra cui spiccano quello del Magnate e quello dell'Obeso. Contiene inoltre la famosa scultura in terracotta dei Cavalli Alati (immagine che segue) che ornavano il tempio noto come Ara della Regina, situato sull'attuale località de La Civita e che risalgono alla fine del IV secolo/inizio III secolo a.C.

Tra i più importanti pezzi del museo vi è anche il vaso di Bocchoris che risale alla fine dell'VIII secolo a.C. (720/712 a.C.) e proviene dalla tomba dell'omonimo faraone egiziano, fornendo un'importante prova dei contatti commerciali fra l'Etruria e il Mediterraneo Orientale.

L'esposizione ospita inoltre vasi greci sia a figure nere che a figure rosse di produzione corinzia e attica e specchi di bronzo.

Nel museo sono presenti infine affreschi staccati da tombe della vicina necropoli.

Ma vicino a Tarquinia è presente soprattutto una distesa di tombe ipogee, alcune contrassegnate da tumuli, che coprono un periodo dal secolo VII avanti Cristo all'età romana. Quelle decorate da pitture sulle pareti spaziano dalla metà del VI secolo avanti Cristo all'età ellenistica.

Per raggiungere il sito in questione, detto di Monterozzi, che si trova a est della città, si esce dalla porta Tarquinia e, dopo circa 500 metri, si incontra un grande piano punteggiato da piccole costruzioni che proteggono gli ingressi alle tombe.

Ne citiamo e descriviamo una decina fra le più rilevanti: la tomba delle Leonesse, la tomba della Caccia e della Pesca, la tomba dei Giocolieri, la tomba Cardarelli, la tomba dei Leopardi, la tomba degli Scudi o delle Quattro stanze, la tomba di Polifemo o dell'Orco, la tomba del Barone, la tomba dei Tori e la tomba degli Auguri.

La TOMBA DELLE LEONESSE, risale circa al 520 a.C.
Nel timpano presenta in realtà non leonesse ma pantere, sacre a Dioniso. In tutta la decorazione in effetti si sviluppa un tema dionisiaco. Nella parete di fondo si può osservare a sinistra una danzatrice

elegante, in abiti trasparenti, che balla presa da un placido ritmo, mentre a destra una coppia di danzatori nudi si lanciano in un ballo sfrenato. Al centro è un grande cratere, tipico vaso utilizzato nel simposio per mescolare il vino con l'acqua, ornato con foglie di vite. Ai lati sono rappresentati i partecipanti al banchetto sdraiati su *klinai*, cioè letti, in un peristilio, ossia un padiglione colonnato, di una ricca casa etrusca.

LA TOMBA DELLA CACCIA E DELLA PESCA, databile circa al 530 a.C.

È la più originale per il carattere tipicamente locale della scena la quale rappresenta l'uso etrusco di piantare una grande tenda durante le campagne di caccia, sotto la quale ci si riposava e si partecipava a banchetti. Nella prima camera la tomba presenta scene di danza e di giochi all'aperto, ricchi di dettagli della vita quotidiana: una lira è raffigurata appesa alla parete, un piccolo servitore riempie una caraffa di vino, un flautista suona per rallegrare il banchetto.

Sulla parete di fondo della seconda camera protagonista è invece la natura, con il mare ed il cielo, uccelli e delfini; sulle onde si può notare una piccola barca di pescatori e su una roccia un cacciatore munito di fionda che cerca di colpire gli uccelli.

LA TOMBA DEI GIOCOLIERI, risale circa al 520 a.C. Mostra, nella parete di fondo: da sinistra, due giovani nudi, uno seduto e l'altro in piedi, forse servi del defunto, un giovane nudo che saluta, un flautista, una donna con gioielli e sulla testa forse un candelabro che tiene in equilibrio, di fronte un giovane con due anelli (forse li deve lanciare e inserire sul candelabro della donna equilibrista), un uomo seduto su una sedia curule che assiste; nella parete destra, due danzatrici, una dai capelli bruni e l'altra dalla chioma fulva (forse per l'uso di tinture?) e al centro un musicista, due donne che salutano; sulla parete sinistra due giovani nudi seguono un anziano e un fanciullo; il personaggio che conclude la scena è Aranth Heracanas, il cui nome è leggibile sulla parete.

LA TOMBA CARDARELLI, databile circa al 510 a.C. Presenta numerose figure umane, separate da alberelli. Sulla parete di fondo sono rappresentati due suonatori; ai lati della porta d'ingresso, due atleti. Sulla parete destra, un uomo fa roteare un recipiente pieno di vino, nel gioco del *kòttabos* (consisteva nel centrare un piatto o un vaso con le ultime gocce del vino rimasto sul fondo della coppa; la vittoria poteva essere dedicata al proprio amato). Vicino c'è un fanciullo con due recipienti, un danzatore ed un suonatore. Sulla parete sinistra una figura virile con perizoma danza e tiene una coppa nella mano sinistra, la precede un suonatore che si dirige verso un gruppo di tre persone tra cui una danzatrice dal delicato profilo e dall'incedere elegante.

LA TOMBA DEI LEOPARDI, databile al 480/470 a.C. Le sue decorazioni sono tra le più note e significative della civiltà etrusca. Nel timpano presenta due felini. Alle pareti è rappresentata una scena di simposio che si svolge all'aperto, tra gli ulivi: quattro uomini e due donne su tre *klinai* (letti), consumano il cibo offerto loro da giovani servitori nudi. Ad allietare il banchetto, sulla parete destra incedono un flautista e un citaredo, preceduti da un danzatore con una coppa in mano, il quale indossa la *tebenna*, tipica veste etrusca. I tre sembrano intenti a partecipare a un corteo rituale.

LA TOMBA DEGLI SCUDI O DELLE QUATTRO STANZE, databile alla fine del IV secolo o al principio del III secolo a.C.

Ha quattro ambienti risultando così ispirata alla forma della casa etrusca. Nell'atrio alcuni suonatori sono visti di fronte così come dei banchettanti molto vivaci. Per una porta nel fondo si passa in una stanza all'interno della quale sono dipinti quattordici scudi. La stanza laterale a sinistra ha tre loculi nelle pareti.

LA TOMBA DI POLIFEMO O DELL'ORCO, risale al IV - III secolo a.C.

Era costituita originariamente da due tombe distinte che poi vennero unificate e presenta una pianta irregolare. Nella prima tomba, quella più antica, c'è un fregio a vite ed a destra dei banchettanti tra cui la famosa testa femminile della fanciulla della famiglia Velcha. È poi rappresentata anche la paurosa figura di Caronte.

Nella seconda tomba si vede la porta primitiva interrata e anche resti di figure scolpite. Alle pareti sono dipinte figure dell'oltretomba in cui si mescolano elementi greci ed etruschi. Sono presenti infatti Teseo e Piritoo, l'ombra di Tiresia, di Agamennone, Gerione con tre teste, Proserpina con Plutone e Polifemo accecato da Ulisse ma anche il demone etrusco Tuchulcha.

LA TOMBA DEL BARONE, detta anche dei cavalli, risalente circa al 510 a.C.
È dotata di un solo ambiente e forse è la più bella fra tutte per raffinatezza, sobrietà e anche per lo stato di conservazione delle pitture.
Le pareti sono ornate da un'ampia fascia raffigurante giovani cavalieri e gruppi di personaggi a colloquio.
La parete di fondo mostra un piccolo flautista (*suplu* in lingua etrusca) che suona mentre un uomo con la

barba accoglie con una coppa di vino una donna che li incontra salutando.

La rappresentazione è impreziosita dallo splendore dei colori rossi, bruni, violetti e verdi che sono stesi sulla grigia tinta di fondo.

Nei timpani ci sono cavallucci marini, delfini, un leone e un altro imprecisato felino.

LA TOMBA DEI TORI, risale circa al 530 a.C.

È una delle più antiche e mostra motivi della decorazione che presentano collegamenti con l'arte ionica e anche con l'arte attica iniziale. Ha un'ampia camera di ingresso, poi due camerette, le celle funerarie provviste di banchine su tre lati. Sul fondo c'è una grande mensola ornata di testa di ariete e nel timpano una chimera. Alcune fasce policrome incorniciano le pareti. Quella di fondo presenta scene erotiche. Sotto, tra le due porte che introducono alle celle, è raffigurato l'agguato di Achille a Troilo.

LA TOMBA DEGLI AUGURI, risalente circa al 540 - 530 a.C.

È costituita da una sola stanza. Nella parete di fronte all'ingresso è rappresentata la porta del sepolcro e ai lati sono raffigurati due uomini in atto di adorare e di omaggiare. Sulla parete destra c'è una scena di giochi con due atleti che lottano in presenza di un giudice con il lituo e di uno spettatore che sta per sedersi. Sulla destra è rappresentato il gioco cruento del *phersu* con il condannato che ha la testa incappucciata ed è munito di un bastone col quale deve difendersi da un lupo o da un cane che gli viene aizzato contro da un individuo mascherato. Si tratta di una decorazione molto deteriorata.

4. Tarquinia, una città simbolo. Sintesi

Tarquinia è famosa nel mondo soprattutto in quanto è una testimonianza unica della civiltà etrusca grazie alle sue tombe dipinte.

Essa è tuttavia anche un notevole centro medievale. Dispone di 18 torri e di una cinta muraria che si prolunga per più di 3 chilometri.

Monumenti rilevanti sono la chiesa di Santa Maria in Castello, il Duomo, il Palazzo Comunale, il Palazzo dei Priori e Palazzo Vitelleschi che ospita il museo archeologico.

Tarquinia era l'etrusca Tarchuna o Tarchna e sorgeva su un pianoro oggi chiamato "la Civita". Secondo la tradizione venne fondata da Tarconte, fratello o figlio di Tirreno, nel secolo XIII o XII a.C.

Le prime testimonianze archeologiche tuttavia non risalgono oltre il IX secolo a.C. Le prime tombe a camera tarquiniesi cominciano ad essere realizzate all'inizio del VII secolo a.C. Il periodo dal VII sec. a.C. in avanti dovette rappresentare una fase molto florida economicamente e di notevole potenza politica se consideriamo anche la venuta a Roma dei Tarquiniesi con Lucio Tarquinio che a Roma ricevette le insegne regali.

Il declino del dominio etrusco nella Campania dopo la battaglia navale di Cuma (474 a.C.) segna invece la decadenza politica ed economica di Tarquinia.

Con Roma si combatte una guerra fra il 394 e il 388 a.C. e un'altra tra il 358 e il 351 a.C. seguita da una pace di 40 anni. Nel 311 però la lotta con Roma si riaccende e termina, poco più tardi, con la vittoria romana. Da allora la storia di Tarquinia si svolge all'ombra di Roma. Nel 90 a.C. essa riceve il diritto di cittadinanza romana e diventa municipio.

Dal IV secolo dopo Cristo Tarquinia diventa sede vescovile, subisce le invasioni barbariche e cessa di esistere nella collocazione originaria dando vita su un altro colle a Corneto e cioè alla Tarquinia moderna favorita da una ancora maggiore vicinanza al mare e dalla presenza del fiume Marta che all'epoca era navigabile.

Nel 1872 la città assume il nome di Corneto Tarquinia e, nel 1922, quello attuale di Tarquinia.

È sede vescovile unita a quella di Civitavecchia.

Vi nacquero il cardinale Giovanni Vitelleschi, il cardinale Adriano Castelleschi e il poeta e scrittore Vincenzo Cardarelli.

Il sito in cui si trovano le famosissime tombe ipogee è detto di Monterozzi e si trova a est della città uscendo dalla porta Tarquinia dopo circa 500 metri.

Sicuramente da non perdere sono la tomba delle Leonesse, la tomba della Caccia e della Pesca, la tomba dei Giocolieri, la tomba Cardarelli, la tomba dei Leopardi, la tomba degli Scudi o delle Quattro stanze, la tomba di Polifemo o dell'Orco, la tomba del Barone, la tomba dei Tori e la tomba degli Auguri.

Conclusione

Gli Etruschi, un popolo del passato...

Ma... sei convinto che il passato sia passato?

Sei pienamente certo che il passato sia vita ormai solo cristallizzata in ricordi, narrazioni, immagini, monumenti, tracce archeologiche?
La voglia di indagare la memoria, scendendo di strato in strato, supera il semplice amor di conoscenza, non può ridursi alla categoria di un intrattenimento di tipo culturale, alternativo alle mille offerte di svago che ci offre la nostra società quando si tratta di colonizzare il nostro tempo libero.

Queste riflessioni e la forte istanza di conoscenza del mondo etrusco, manifestata da tante persone che da anni seguono i nostri incontri su temi e itinerari d'arte e di archeologia, ci hanno motivato a sviluppare questa piccola opera per camminare insieme tra gli Etruschi, iniziando col guardarsi intorno e cogliere, in quelle che furono le loro terre, qualche traccia, qualche eco del loro vivere.

L'esperienza, però, non può che essere personale: lo sai.

L'augurio con cui concludiamo questo nostro percorso è che, nel tuo personale cammino etrusco, tu possa varcare la soglia dello straordinario. E vedere, sentire, respirare, vivere gli Etruschi nel cuore.

BIBLIOGRAFIA

- La Storia dell'Arte (2006) Milano, Mondadori-Electa.

- Graeme Barker e Tom Rasmussen (2006) Gli Etruschi- Civiltà e vita quotidiana di un popolo aborigeno dell'Italia, Genova, ECIG.

- Giovanni Feo (2005) Pittura segreta etrusca, Viterbo, Nuovi Equilibri – Stampa Alternativa.

- La Storia (2004) Torino, UTET – Novara, De Agostini.

- Giuseppe M. Della Fina (2004) La scoperta degli Etruschi, Bergamo, De Agostini – Rizzoli periodici.

- Giovanni Feo (2003) Miti, segni e simboli etruschi, Viterbo, Nuovi Equilibri – Stampa Alternativa.

- Giovanni Semerano (2003) Il popolo che sconfisse la morte. Gli Etruschi e la loro lingua, Milano, Paravia Edizioni – Bruno Mondadori Editori.

- Catalogo della mostra presso il Museo Civico Archeologico di Bologna (2000) Principi etruschi tra Mediterraneo ed Europa, Venezia, Marsilio.

- Thorwald Dethlefsen (1984) Il destino come scelta, Roma, Edizioni Mediterranee.

- Guida d'Italia (1981) Milano, Touring Club Italiano.

- Ranuccio Bianchi Bandinelli e Antonio Giuliano (1973) Etruschi e Italici prima del dominio di Roma, Milano, Rizzoli.

- Massimo Pallottino (1975 ristampa integrata della sesta edizione) Etruscologia, Milano, Hoepli.

- Giulio Carlo Argan (1968) Storia dell'arte italiana, Firenze, Sansoni.

- Jacques Heurgon (1963) Vita quotidiana degli Etruschi, Milano, Il Saggiatore.

www.ingramcontent.com/pod-product-compliance
Lightning Source LLC
Chambersburg PA
CBHW061758250726

48657CB00001B/178